Kirsten · West-Himalaya

Werner Kirsten

West-Himalaya

Mit Auto, Bus und zu Fuß
durch Indiens und Pakistans Bergwelt

Frederking & Thaler

Bildnachweis:

Alle Fotos: Werner Kirsten

Die Deutsche Bibliothek – CIP-
Einheitsaufnahme

Kirsten, Werner:
West-Himalaya : mit Auto, Bus und zu Fuss
durch Indiens und Pakistans Bergwelt /
Werner Kirsten. – München : Frederking
und Thaler, 1995
    ISBN 3-89405-340-2

© 1995 Frederking & Thaler GmbH, München
Alle Rechte vorbehalten
Umschlagfotos: Werner Kirsten
Produktion: Martin Gawelzyk, München
Karten: Theiss Heidolph, Kottgeisering
Layout und Satz (DTP):
BuchHaus Gigler GmbH, München
Reproduktion: Fotolito Longo, Frangart
Druck und Bindung: Druckerei Uhl, Radolfzell

ISBN 3-89405-340-2

Printed in Germany

*Während des kurzen Sommers eine alpine
Idylle: die »Märchenwiese« am Nanga
Parbat.*

*Bild Seite 6/7:
Der Gipfeldorn des Masherbrum.*

Inhaltsverzeichnis

Vorwort

Ein Held bin ich nicht. Auch kein Geograph oder Ethnologe. Weder kann ich von glänzenden Siegen (oder Tragödien) an Achttausendern berichten, noch einen wissenschaftlichen Beitrag zur Erkundung des Himalaya vorlegen. Ich bin ein Reisender, der ganz einfach dem Himalaya verfallen ist, besonders seinem westlichen Teil, dem Karakorum.

Die Geologen sehen den Karakorum getrennt vom sogenannten Großen Himalaya, aber es hat sich durchgesetzt, diesen großen Gebirgsbogen, der den Subkontinent von Zentralasien abschirmt, Himalaya (»Heimat des Schnees«) zu nennen. Karakorum (»Schwarzes Geröll«), was für ein trüber Name für das glitzerndste Gebirge der Erde! Der gleichnamige Paß an seinen östlichen Ausläufern stand Pate für diese unpassende Bezeichnung. Muztagh, »Eisberge«, sollte es heißen, und tatsächlich werden die sieben einzelnen Gebirgszüge des Karakorum auch so genannt.

Den höchsten Berg der Erde wird jeder durchschnittlich gebildete Europäer benennen können, und der Nanga Parbat ist als »Schicksalsberg« vielen Deutschen immerhin ein Begriff. Doch dann ist auch meist Schluß.

K 2 – ein Fleckenmittel? Ach nein, eine Skimarke! Dabei waren die inneren Regionen des Karakorum gegen Ende des letzten Jahrhunderts europäischen Forschern vergleichsweise gut bekannt. Die erste Expedition zum Gipfel des K 2 startete 1892, mehr als ein Vierteljahrhundert, bevor die Briten Mallory und Irvine den ersten Aufstieg am Mount Everest wagten.

Wer über Baltistan berichtet, kommt nicht an dessen Nachbarn Ladakh vorbei, und dann ist man auch schon in Zanskar. Ich habe mich auf diesen relativ kleinen, in sich geschlossenen Teil des Himalaya beschränkt, denn sonst ginge die Reise weiter bis Bhutan.

In diesem Buch will ich die Vielfalt einer Region vorstellen, ihre Menschen und die Abenteuer, die hier immer noch erlebbar sind.

Doch die zivilisatorische Entwicklung macht nirgends halt, auch nicht im Himalaya. Der amerikanische Journalist und Bergsteiger Galen Rowell gibt seiner Sorge darüber Ausdruck:

»Ich habe eine Reihe von Kulturen vor meinen Augen sich verändern sehen, die man einmal für zeitlos und unveränderlich hielt. Wer wollte dem Volk von Askole den Zugang zu dem verweigern, wovon der Rest der Welt dankbar Gebrauch macht? Und doch geht bei dem Prozeß etwas genauso Lebenswichtiges verloren wie die Segnungen der Zivilisation: die Verbindung zur Vergangenheit. Die Verbindung zu unserer eigenen Vergangenheit; zu einer Zeit, da die menschliche Rasse noch stärker mit der Erde verbunden war, ohne eine besondere Wirkung auf die Wildnis auszuüben; das wahre Shangri-La ist nicht ein bestimmter Ort, den man besuchen kann, sondern ein Bewußtseinszustand, der in großen Teilen des Himalaya bereits verlorengegangen ist.«

Seite 8: Wo sich das Land verweigert, rücken die Menschen zusammen.

Seite 10/11: Übersichtskarte Pakistan und Nordindien.

Seite 12/13: Gletscherspitzen ragen aus dem Schutt und formen den Gipfeldorn des Masherbrum nach.

Übersichtskarte Pakistan und Nordindien

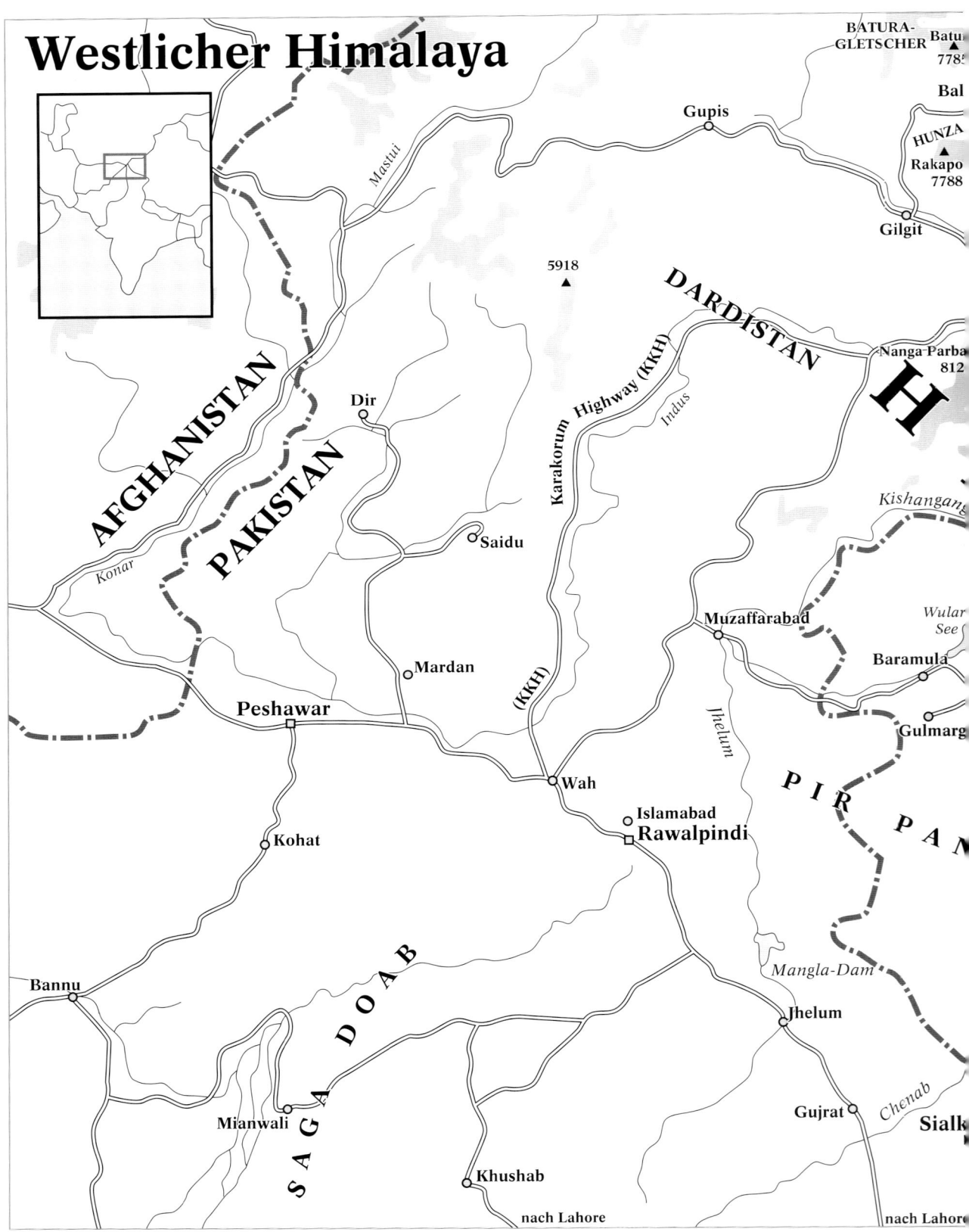

Westlicher Himalaya

BATURA-
GLETSCHER Batu
▲
7785

Bal

HUNZA
▲
Rakapo
7788

Gupis

Gilgit

AFGHANISTAN

PAKISTAN

DARDISTAN

5918
▲

Nanga Parba
812

H

Dir

Karakorum Highway (KKH)

Indus

Kishangang

Saidu

Konar

Muzaffarabad

Wular
See

Baramula

Mardan

(KKH)

Jhelum

Gulmarg

Peshawar

Wah

P I R   P A N

Kohat

Islamabad
Rawalpindi

Bannu

Mangla-Dam

SAGA DOAB

Jhelum

Gujrat

Chenab

Mianwali

Sialk

Khushab

nach Lahore

nach Lahore

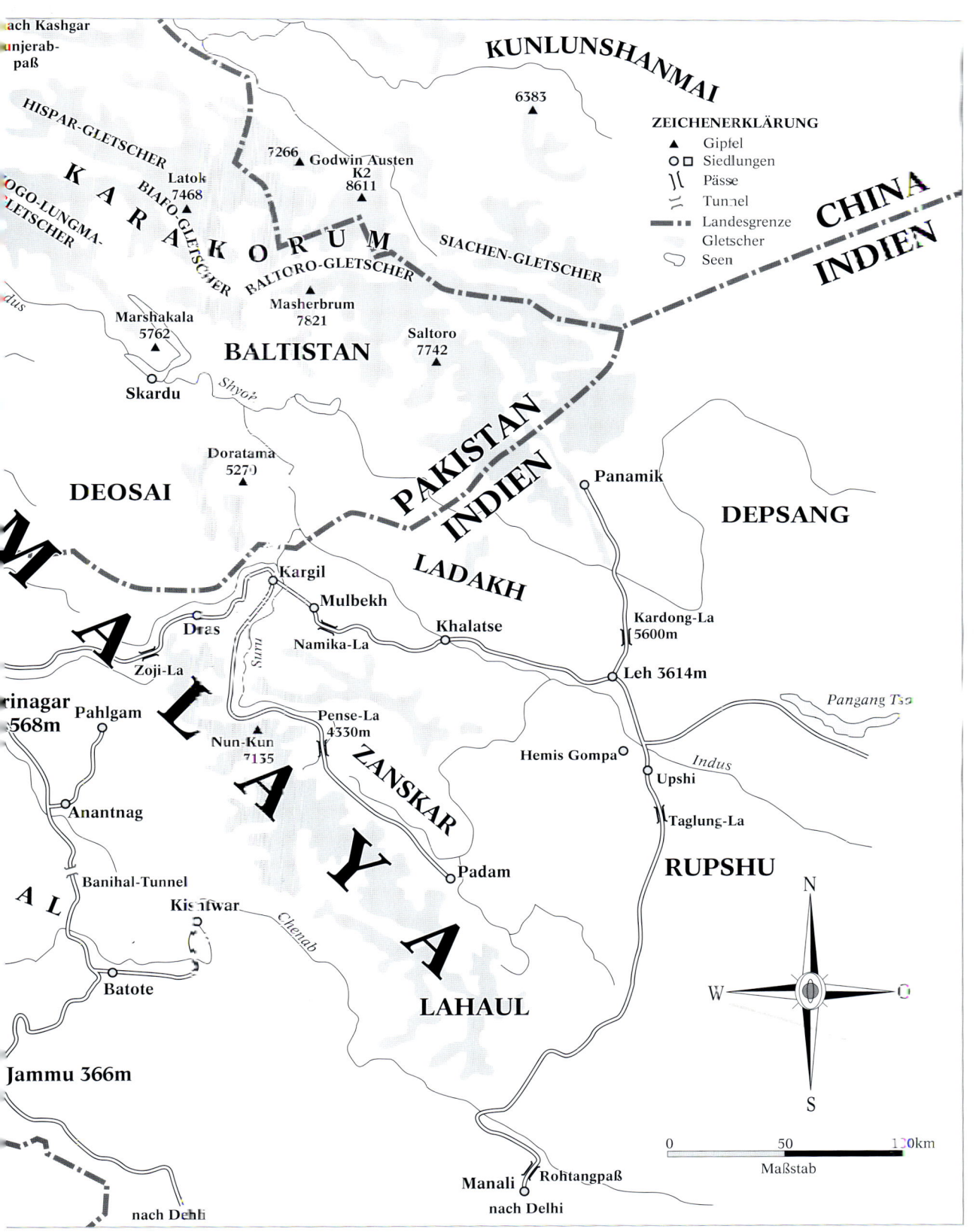

KUNLUNSHANMAI

6383 ▲

ZEICHENERKLÄRUNG
- ▲ Gipfel
- ○ □ Siedlungen
-)(Pässe
- ⌒ Tunnel
- —·—· Landesgrenze
- Gletscher
- ⬠ Seen

CHINA
INDIEN

ach Kashgar
unjerab-
paß

HISPAR-GLETSCHER

K A R A K O R U M

OGO-LUNGMA-
GLETSCHER

Latok
7468

BIAFO-GLETSCHER

7266 ▲ Godwin Austen
K2
8611

SIACHEN-GLETSCHER

BALTORO-GLETSCHER

Masherbrum
7821 ▲

Marshakala
5762 ▲

BALTISTAN

Saltoro
7742 ▲

Skardu ○

Shyok

Doratama
5270 ▲

DEOSAI

PAKISTAN
INDIEN

Panamik ○

DEPSANG

M A L A Y A

Kargil ○

LADAKH

Mulbekh ○

Dras ○

Namika-La

Khalatse ○

Kardong-La
5600m

Zoji-La

Suru

Pense-La
4330m

Leh 3614m ○

Pangang Tso

rinagar
568m

Pahlgam ○

Nun-Kun
7135 ▲

Z A N S K A R

Hemis Gompa ○

Indus

Upshi ○

Anantnag ○

A L

Banihal-Tunnel

Kishtwar ○

Chenab

Padam ○

Taglung-La

RUPSHU

N

Batote ○

LAHAUL

W

S

Jammu 366m

0   50   100km
Maßstab

Manali ○ Rohtangpaß
nach Delhi

nach Delhi

Pakistan

Denke ich an Pakistans Nordprovinzen, so tauchen vor meinen Augen zuallererst Steine auf: wackelige unter den Füßen, spitze unter dem Zelt, drohende über dem Kopf, polternde in den Flüssen, zermahlene in der Nahrung.

Dann die Flüsse: ungezähmt, voller Kraft, allen voran der Indus, dessen Brüllen sich im Kopf festsetzt.

Schließlich die Berge: höher als hoch, kühn, herausfordernd, gefährlich.

Erinnerungen werden wach an haarsträubende Jeepfahrten auf handtuchbreiten Felssimsen, Schluchten, die so tief und schmal sind, daß sie die Sonne aussperren. Ich höre das Ächzen und Stöhnen endloser Gletscher, das dumpfe Grollen von Lawinen, das Fauchen von Sandstürmen.

Allmählich werden die Bilder weicher, versöhnlicher. Ich sehe smaragdgrüne Felder, gesäumt von Pappeln, inmitten ausgedörrter Wüstentäler, blauen Rauch über den Hütten. Ich denke an die elfenhaft schönen Mädchen in Hunza und den leichtfüßigen Gang ihrer Großväter, die Patriarchengesichter der Bauern am Nanga Parbat. Gestalten wie aus dem Alten Testament. Ich höre das Hupen der Lastwagen auf dem Karakorum Highway, das lärmende Treiben in den Basaren und das Pfeifen von Murmeltieren auf blumenübersäten Wiesen.

Es heißt: »Wer den Karakorum nicht gesehen hat, hat noch gar nichts gesehen.« Auch wenn das nicht unbedingt wörtlich verstanden werden muß, schließe ich mich im Prinzip an.

Ein faszinierendes, aber auch anstrengendes Land, das den Reisenden vollständig vereinnahmt. Das Abenteuer ist allgegenwärtig, häufig unkalkulierbar. Improvisation, Geduld und asiatische Gelassenheit sind Tugenden, die, wenn nicht schon mitgebracht, hier zwangsläufig erlernt werden. Dafür ist die Hilfsbereitschaft und Gastfreundschaft der Pakistani sprichwörtlich. So ist es häufig in Ländern, deren Natur sich den Menschen verweigert.

Pakistans Norden besitzt nicht die bestürzende Bilderbuchschönheit Nepals. Das Land ist fragil, spröde – »ein Bauplatz, den der Schöpfer vorzeitig verlassen hat« (Bruce). Anders als im stellenweise überlaufenen Nepal sind die Trekkingorganisationen hier noch nicht so zahlreich und vor allem nicht so gut eingespielt. Massentourismus wird es hier nie geben, dazu sind die Anforderungen an den Reisenden zu hoch – physisch und psychisch. Doch der Lohn kann gewaltig sein: Bilder und Erlebnisse, die sich einbrennen und sich ein Leben lang nicht verbrauchen.

Ich habe das Glück, sehr viel von der Welt gesehen zu haben, und wenn ich gefragt werde, wo denn mein Herz am heftigsten schlägt, wo die Welt am wildesten, wüstesten, erschreckendsten, aber auch am faszinierendsten und am schönsten ist, so fällt mir die Antwort leicht:

in Pakistans Northern Areas.

Lageraufbau am Concordia-Platz, überragt vom Mitre Peak.

Ein Highway nach China

»Irgendwann in der Zukunft, wenn andere den Karakorum Highway benutzen, wird man kaum noch wissen, wieviel Schweiß, Mut, Hingabe, Ausdauer und menschliches Opfer nötig war, um diese Straße zu bauen. Aber wenn Sie hier fahren, nehmen Sie sich Zeit für ein kurzes Gebet für diese unauffälligen, tapferen Männer der pakistanischen Armee; sie gaben ihr Leben, um einen Traum zu verwirklichen, den Sie als Karakorum Highway kennen. Wir eroberten mit Pioniergeist den Karakorum und schufen die Straße unter großen Opfern.«

Inschrift der Gedenkstätte bei Patar

Reisender, kommst du auf dem Weg in Pakistans rauhen Norden nach Rawalpindi, so nimmst nicht du den Karakorum Highway. Der Karakorum Highway nimmt dich. Genauer gesagt: Er packt, schüttelt, frißt dich, und wenn er dich in Gilgit, Hunza oder spätestens am Kunjerab-Paß wieder ausspuckt, wirst du ein anderer sein. Du wirst Phantastisches gesehen, aber auch das Fürchten gelernt haben.

Meinen ersten Kontakt mit dem Karakorum Highway hatte ich im August 1979. Auf einem Hausboot in Srinagar blätterte ich in einer zerlesenen Ausgabe der »Time« und stieß auf einen Artikel, den ich mit wachsender Erregung verschlang. Von einer Straße war die Rede, mitten durch das wildeste, wüsteste, glitzerndste Gebirge der Erde ganz in meiner Nähe, hinauf auf das Dach der Welt. Seit diesem Nachmittag war ich dem haarsträubenden Highway, diesem kurvigen Eigensinn von Straße, verfallen.

Der Weg auf das Dach der Welt ist mit Erdrutschen gepflastert.

Fürs fahrende Volk Tschapattis, Tschapattis – Akkordarbeit am heißen Loch.

Am liebsten wäre ich sofort aufgesprungen und hingefahren, doch die Sache hatte einen Haken. Der Highway war für Ausländer gesperrt. Erst zwei Jahre später war ich dort, und was ich sah, übertraf alle Erwartungen. Drei weitere Reisen folgten, immer im Abstand einiger Jahre. Für die erste Genehmigung verbrachte ich noch fünf Wartetage im reizlosen Rawalpindi. Sie galt nur bis Karimabad im südlichen Hunza.

Später lockerten sich die Bestimmungen, und wer genügend Nerven und Sitzfleisch besaß, konnte bereits 1986 durchgehend bis Kashgar in Sinkiang reisen.

Die Welt bemerkte es nicht, als sich auf ihrem Dach Großartiges ereignete – während der Bauzeit an dem chinesisch-pakistanischen Gemeinschaftsprojekt blieben die Täler von Indus und Hunza 15 Jahre lang geschlossen. Anlaß für dieses gigantische und von den beiden Staaten zu gleichen Teilen finanzierte Vorhaben waren wie so oft strategische Gründe. Hier, in der Nordwestecke des indischen Subkontinents, liegt der Solarplexus Mittelasiens. Fünf Staaten – Indien, China, Pakistan, Afghanistan sowie die frühere Sowjetunion – stoßen zusammen und haben bis in die Gegenwart hinein blutige Geschichte geschrieben.

Was war das Motiv Chinas und Pakistans für den Bau der gewaltigen Straße? Sie hatten gerade mit Indien im Konflikt gelegen – zudem konnten beide Staaten auf diese Weise einen wirksamen Keil zwischen die mißtrauisch verfolgte Allianz Moskau – Neu Delhi treiben.

1964 wurde zunächst auf pakistanischer und zwei Jahre später auf chinesischer Seite offiziell die »Straße der Freundschaft« in Angriff genommen. Zehn Jahre später erfuhr die Weltöffentlichkeit von den Bauarbeiten, und 1978 mußten die Landkarten im Fünfländereck korrigiert werden: Statt eines Karawanenpfades gab es jetzt 1284 km durchgehend geteerte Straße, von Rawalpindi zum Kunjerab-Paß (4.733 m), dem höchstgelegenen Grenzübergang der Welt mit einer befestigten Straße. Auf den folgenden 400 Kilometern kreuzt sie das zentralasiatische Plateau und windet sich durch den Pamir nach Kashgar hinunter, zum Rand der Taklamakan-Wüste. Man sprach vom »achten Weltwunder«, was nicht nur pure Propaganda ist.

Der Bau des Karakorum Highway war ein zäher, opferreicher Kampf gegen übermächtige Naturgewalten, der bis heute anhält. Solche Straßen sind niemals »fertig«. Sie sind nicht mehr als Ritzwunden, die das Gebirge laufend zu schließen versucht. Eintausend Soldaten sind allein damit beschäftigt, den Highway offenzuhalten und die andauernden Erdrutsche zu räumen. Er verläuft durch das schwierigste und instabilste Terrain der Erde, mitten durch

einen Gürtel, wo im Durchschnitt alle drei Minuten die Erdkruste vibriert. Vor 50 Millionen Jahren prallte die unaufhaltsam auf dem Erdmantel treibende indische Landmasse gegen den unbewegt daliegenden Kontinent Asien. Seither taucht die schwere indische Platte immer tiefer unter die asiatische und bohrt sich mit der unglaublichen Geschwindigkeit von 25 cm jährlich nordwärts. Sie läßt die Berge an ihrem Rand weiter wachsen und die Erde beben.

Im Dezember 1974 traf es den Distrikt Kohistan, der wie ein geologisches Floß zwischen beiden Platten gefangen ist. Kohistan wurde buchstäblich in die Luft geschleudert. Die Berge schüttelten sich, schleuderten Hirten und Bauern in die Tiefe, dazu ein eben fertiggestelltes Straßenstück. Minuten vorher hatten Hunderte chinesischer Arbeiter ihr Tagewerk beendet und waren zu ihren Zelten zurückgekehrt. Wie durch ein Wunder blieben sie von den Bergrutschen verschont, doch die Hauptstadt Patan am Karakorum Highway wurde praktisch weggefegt. Die Bilanz war grauenhaft: Unter der ohnehin kleinen Bevölkerung Kohistans gab es 5.000 Tote und 15.000 Verletzte.

1840 gerieten am Nanga Parbat Teile der unteren Hänge ins Rutschen, blockierten den Indus, und es entstand ein See, der allmählich auf mehr als 80 km Länge anwuchs. Im Juni des darauffolgenden Jahres brach der Damm. Eine ungeheure Flutwelle raste durch die engen Schluchten, verschlang auf ihrem todbringenden Weg eine ganze Armee und ergoß sich nach 160 Kilometern bei Farbela in die Ebene. Hier verheerte sie riesige Landstriche, ertränkte vier Städte, zwanzig Dörfer und Tausende Menschen.

Beim Bau der Straße konnten Maschinen kaum eingesetzt werden. Bis zu 15.000 Pakistani und doppelt so viele Chinesen wühlten sich mit Hacke, Spaten und Dynamit durch die tückischen Berge. Monatelang hausten sie zwischen Schotter, Felsen und Eis, trotzer bitterkalten Schnee- und gnadenlos heißen Staubstürmen, fortwährend Steinschlag und Erdrutschen ausgesetzt. Allein auf pakistanischer Seite kostete jeder Kilometer ein Menschenleben.

Busbahnhof Pir Wadhai in Rawalpindi, Mitternacht

Es ist wie auf der Kirmes: Menschen wuseln, drängeln, schieben, bunte Lämpchen irrlichtern durch die Nacht, Musikfetzen – schrill, exotisch, orientalisch, durchdringend –, wetteifernde Fahrkartenverkäufer, als wäre ihr ausgerufenes Fahrtziel das große Los, das Ende des Regenbogens. Im wogenden Lichtermeer suchen wir unseren Bus, den Bus der NATCO (Northern Area Transport Corp.) nach Gilgit. Die Busse sind klein, kompakt, wendig – ein bißchen wie buntbemalte, runde Brotbüchsen auf Rädern, mit einer prall geschnürten Gepäckwurst obenauf. Das Gehäuse unseres Busses ist eine silbrige Maskerade, schnörkelreich graviertes Blech, edel, als hätte der Silberschmied selbst letzte Hand angelegt. Der Prunk steht in seltsamem Kontrast zu der Strecke, die uns erwartet. Das Edle verliert sich schnell beim Platznehmen auf niedrigen, hartgepolsterten Sitzen, wo sich die Knie in die Lehne des Vordermannes bohren.

Es ist ein Mercedes. Beruhigend der vorn aufgepappte Stern und die harten, strengen Silben des warmlaufenden Diesels. Kurz nach eins wirft sich ein bleicher, übernächtiger Fahrer auf seinen zerfransten Sitz, dürre Arme umklammern das Lenkrad. Neben ihm der stoppelbärtige Schaffner, Mechaniker, Putzmann, Unterhalter, das Mädchen für alles. Ein letztes Geraderücken der knallig kolorierten Prophetenbildchen und Frauenporträts unter klingelnden Messingkettchen und blinkenden Birnchen, mit Schwung eine neue Cassette in den Recorder geknallt, und dann ruckt der Bus hinaus in die Nacht, einer der abenteuerlichsten Straßen der Welt entgegen. Veranschlagte Fahrzeit sind fünfzehn Stunden, aber es werden immer achtzehn, wenn »inschallah« (so Allah will) alles gutgeht und keine großen Erdrutsche oder liegengebliebene Lastwagen die Straße blockieren.

Warm und feucht wedelt der Fahrtwind durch offene Fenster, schläfrige Köpfe nicken im Takt der Schlaglöcher und Fahrmanöver, schwer lastet der Fuß des Fahrers auf dem Gaspedal. Ein kurzes Stück folgen wir der Grand Trunk Road, dieser legendären Achse des Subkonti-

nents von Kalkutta zum Khaiber-Paß an der Grenze zu Afghanistan. Danach schwenken wir nach Norden auf kurvigen Straßen durch die Margalla-Berge. Der Morgen dämmert herauf, letzte sattgrüne Reisterrassen an den Hängen, dann stürzt sich die Straße zum Bett des Indus hinab. Hier beginnt eine andere, kategorische Welt, beherrscht von der Senkrechten. Die folgenden 310 Kilometer verläuft die Straße am Bett des Indus entlang und schrammt mit ihm durch beklemmende Schluchten. Zwar hat der Karakorum Highway offiziell schon vor Stunden in Havelian begonnen, doch jetzt an der Thakot Brücke wird er zum Spektakel: Bühne frei für das Abenteuer Karakorum Highway. Jedesmal steigt hier mein Puls, wenn der Bus über den weißen Zementbogen rollt und unter mir die braunen Strudel des Indus enteilen.

Der Indus ist kein Fluß, ein Strom schon gar nicht. Fließen und Strömen – zu wohltemperierte Begriffe, gemessen an dem, was hier aufgeführt wird.

Der Indus ist ein Ungeheuer. Bevor er in die Punjab-Ebene hinausschießt, windet, wühlt, krampft, sägt er sich durch wüste Gebirge, ein Aufruhr kochenden Wassers. Fast ununterbrochen jagen Stromschnellen steile Felstreppen hinab.

Die Ufer rücken eng zusammen, umzingeln Indus, Straße und versprengte Siedlungen, die fern und unerreichbar wie Adlerhorste über der Schlucht hängen. Hier etwa könnte es gewesen sein, wo im Jahre 403 einem Reisenden die Seidenstraße zum Alptraum wurde:

»Der Pfad war schwierig und holprig, entlang einem äußerst abschüssigen Abhang: Geriet ich an den Rand, suchten meine Augen vergebens nach einem Halt. Wenn ein Mann es auch gewollt hätte, in derselben Richtung weiterzugehen, es gab keinen Ort, wohin er seinen Fuß setzen konnte. Und unten rauschte der Fluß, den sie Indus nennen. In früheren Zeiten hatten Menschen Pfade in die Felswände gehauen und davor Leitern aufgestellt, insgesamt 700 an der Zahl; an deren unterem Ende befand sich eine Hängebrücke aus Seilen, mit der man den Fluß überqueren konnte, dessen Ufer dort einen Abstand von achtzig Schritten hatten.«

Fa Hien, buddhistischer Pilger aus China

Rollende Straßenkunst – Blickfang und Beschützer zugleich.

In Besham gibt es die erste Rast. Endlich können wir wieder die Glieder richten und vor allem unsere Ohren auslüften. Phonstarke Lautsprecherbatterien sorgen seit Stunden dafür, daß wir mit jaulenden Schlagern vollgepumpt werden. Mitreisende beruhigen uns. Der Fahrer brauche das – um nicht einzuschlafen. Jetzt begreift auch der Newcomer: Es gibt nur einen Fahrer bis Gilgit, achtzehn Stunden auf

dieser Strecke, wo schon der kleinste Fehler katastrophal sein kann.

Besham ist ein in die Bergflanken geschnittener Flecken über grauen, sandigen Ufern des Indus, eine lange Ansammlung hingeworfener Buden hinter geparkten Lastwagen. Das Schäbige duckt sich im Schatten der Straßenkunst, der verträumten Exotik einer reinen, besseren Welt – gemalt auf Blech und Holzplanken, wohin das Auge sieht. Romantische Städte wetteifern mit ländlicher Idylle, immer wieder Mekka, und allem voran der Name Allahs, drapiert mit Blumen, Pfauen, Fischen und Arabesken. Der Gedanke liegt nahe, alle Lastwagenbesitzer hier hätten dem drögen Braun und Gelb der Wüste den Kampf angesagt und ihr ein Farbenkontrastprogramm entgegengestellt. Doch in Wahrheit leben nur die prächtig herausgeputzten Kamelkarawanen früherer Tage weiter, die mit Ketten, Glocken und Amuletten behängt waren, um böse Geister fernzuhalten.

Die Hotels beiderseits der Straße bieten dem fahrenden Volk rund um die Uhr schocksüßen Milchtee und landesübliche Kost, Schutz vor sengender Sonne und nachts ein paar Stunden Schlaf unter freiem Himmel, drei Meter neben dem schlaflosen Karakorum Highway. Überall stehen die Chapois herum: stabile Holzrahmen mit einem grobmaschigen Seilgeflecht als Matratze – Sitzmöbel und Bett zugleich. Die Leute scheinen sich untereinander gut zu kennen. Der Fremde merkt es daran, wie sehr er ausgeschlossen ist. Vor allem die Fahrer auf dem »Kei Kei Eitsch« (KKH) bilden eine verschworene Gemeinschaft. Häufig sind es Pathanen, denen Unabhängigkeit über alles geht. Eine besondere Straße verlangt besondere Kerle, und das wissen sie auch. Täglich ein Tanz auf dem Seil, auf dem schmalen Grat zwischen Ankommen und Umkommen.

Im Akkord fischen die Tschapattibäcker ihre frisch bereiteten Fladen aus dem Ofen, der meist nur ein ummauertes Loch im Fußboden ist. Nebenan malträtieren Hammerschläge Blech und Gehör. In finsteren Schuppen fauchen Gasflammen wie Hochöfen unter rußschwarzen Töpfen vor rußschwarzen Wänden, Schwärme von Fliegen laben sich an Lachen klebrigen Milchtees auf den Tischen. Gegessen wird mit der »reinen« Hand. Wir lutschen an fettigen Fingern, schöpfen mit Tschapattifetzen vom Standardgericht: Hammelcurry mit Linsen. Geölt wie das Essen ist die Bedienung in diesen Bäuchen des Karakorum Highway, alles muß schnell gehen, der Weg ist noch weit. Einen Steinwurf entfernt, in den Seitentälern, mag die Zeit rückwärts laufen. Am Asphalt aber herrscht Hektik. Schrille Hupen mahnen zum Auf-

bruch, und wieselflinke Schaffner fahnden nach verlorengegangenen Passagieren. Satt, zufrieden und ein bißchen gleichgültiger als vorher sind alle wieder verstaut und freuen sich auf die nächste Rast. Der Fahrtwind reißt heiße Luft aus dem Bus, draußen stürzt grimmige Landschaft vorüber, eine Frauenstimme plärrt vom Recorder, exotisch und aufreizend.

Die Hälfte der Strecke bis Gilgit liegt hinter uns. Aber was bedeutet das schon: Der risikoreichste Abschnitt hat gerade erst begonnen. Zweimal hält uns ein Erdrutsch auf, doch die Raupen sind jedesmal schon im Einsatz. No problem.

Die Berge werden zusehends höher und rauher. Sie erreichen jetzt bald fünftausend Meter. Verwunschene Seitentäler stürzen zum steinigen Bett des Indus hinab – canyonartig schmal und spärlich bewachsen an ihrer Mündung, öffnen sie sich in der Höhe und werden grün. Nadelbäume und einzelne Häuser mit kaum mehr als einem Feld klammern sich an schier unerreichbare Kämme und Sporne. Terrassenfelder und winzige Weiler sind an aberwitzig steilen Hängen gestapelt, scheinbar nur auf Adlers Schwingen erreichbar.

Dies ist Indus-Kohistan, bis heute eine kaum berührte, schwer zugängliche Bergregion mit rauhen Pfaden, wilden Pässen und ebensolchen Bewohnern. Yaghistan wurde es früher genannt – das »Land der Freien und Gesetzlosen«. In den isolierten Tälern leben Ausgestoßene, Verbrecher und Vagabunden. Ihre Nachfahren fristen ein karges Leben, weiden tiefer in den Bergen Schafe und Ziegen und bauen auf bewässerten Terrassen Weizen, Gerste und vor allem Mais an. Gelegentlich stehen noch steinerne Wehrtürme am Dorfrand. Hier verwahrte man das Korn und suchte selbst Zuflucht bei räuberischen Überfällen der Nachbarn.

Die Straße schraubt sich jetzt bis auf siebenhundert Meter über dem Fluß. In der Ferne tauchen erste angeschnittene Bergspitzen auf, eingerahmt vom scharfen V des Industales. Bis zur

Bereits nach wenigen Metern hat der lehmgraue Indus azurblaue Nebenflüsse verschluckt.

nächsten Brücke fahren wir auf der »sicheren« Bergseite, doch jedes Überholmanöver beschleunigt den Puls. Wenn die Räder hart am ungesicherten, brüchigen Rand entlangbalancieren, wird der Fensterplatz zur freischwebenden, luftigen Aussichtskanzel mit beunruhigenden Tiefblicken zum Indus, der dünn wie ein Faden geworden ist. Wir überholen oft. Qualmend und röhrend schieben sich hochbepackte Lastwagen im Schrittempo voran, pechschwarze Dieselwolken vernebeln die heiße Sonne.

Mit Tüchern vermummte Gestalten winken von der Ladefläche ihrer von Hand bemalten »Festungen« oder aus dem gestopft vollen Fahrerhaus. In unregelmäßigen Abständen werden die Ausländer von Grenzposten kontrolliert. Höflich nötigt man uns, Platz zu nehmen, studiert jedesmal umständlich unsere Permits und verfolgt aufmerksam unsere Eintragungen in die allgegenwärtige, große, schwarze Kladde. Mit uns reisen noch zwei Australier – derbe Burschen mit imponierenden Knotenstöcken und schlechten Manieren. Meist sitzen sie vorn und sorgen dafür, daß der gestreßte Fahrer immer neu bis aufs Blut gereizt wird. Mit vor Wut rollenden Augen tritt er dann das Gaspedal bis aufs Bodenblech. Der Bus schießt voran, schlingert um Kurven, die Passagiere kreischen, der Fahrer schäumt, die Australier lachen. Ulrike steht mit mir in der offenen Tür, bereit, im Ernstfall sofort abzuspringen.

Der lebhafte Dubair-Basar wird beherrscht von teeschlürfenden Kohistani mit dem Gewehr über der Schulter und gespickten Patronengurten vor der Brust. Bis heute halten diese Männer mit den scharfen Raubvogelgesichtern nicht viel von Fremden in ihrem Stammesgebiet.

Phantastisch der Blick auf die schmale Mündung des Dubair-Flusses, dessen azurblaues Wasser bereits nach wenigen Metern vom graubraunen Indus verschluckt ist. Kurz vor Yujial wechseln wir den Kontinent. Am Beginn einer schmalen Schlucht sieht man noch die weißen Quarzfelsen des indischen Subkonti-

Eis und unerbittlicher Wind im Gulmit-Tal meißelten bizarre Strukturen.

nents, und hundert Meter weiter ist man in Asien: Grüne Felsen der ozeanischen Platte, sonst dreißig Kilometer tief in der Erdkruste eingeschlossen, treten hier zutage, Reste einer Kette vulkanischer Inseln im längst verschwundenen Tethysmeer.

Kohistans Hauptstadt Patan ist eine friedliche, geschlossene Oase. Das sonst so enge Tal öffnet sich zu einer weiten Schüssel, der Indus windet sich gemächlich um einen anmutigen, sorgfältig terrassierten Hügel und empfängt an beiden Ufern zwei klare Nebenflüsse. Nichts erinnert mehr an die Überschwemmungskatastrophe des Jahres 1974, die die Hilfsbereitschaft der ganzen Welt auf den Plan rief.

Nördlich von Dasu quert der Highway wieder ans östliche Ufer, und jetzt beginnt der haarsträubendste Abschnitt, der beim Bau mehr Opfer forderte als jeder andere. Immer enger rücken die Ufer zusammen und werden zu senkrechten Canyonwänden. Die Trasse ist ein in den Stein gesprengter Sims. Hochbeladene Lastwagen tauchen knapp unter überhängenden Felsen durch.

Die Straßenarbeiter wurden hier zu Alpinisten an Bergen mit äußersten Schwierigkeitsgraden: Mit Seilen gesichert, Hunderte von Metern über dem kochenden Indus hängend, bohrten sie Löcher in den Granit und setzten Sprengladungen.

Die Aufmerksamkeit des Fahrers gilt jetzt weniger der Straße am Abgrund als dem tückischen Gebirge darüber. Er kann darin lesen, kennt die gefährlichsten Passagen. Vielleicht betet er auch zu Allah, und der Reisende ist gut beraten, dasselbe zu tun. Traumwandlerisch tänzelt der Bus an der Kante. Mögen die Räder dort immer gerade noch jene Handbreit Asphalt zu fassen kriegen, die uns vor dem Absturz bewahrt! Danach geben große Schilder Entwarnung: »Slide area ends. Relax.« (Ende der Erdrutsche. Entspanne dich.) Wehe aber, wenn eine solch gutgemeinte Aufforderung zu wörtlich genommen wird!

Minuten später passieren wir eine grauenhafte Szene. Eine Radachse klammert sich wie ein Ertrinkender an einen Begrenzungsstein, der Rest liegt verknautscht hundert Meter tiefer auf Felstrümmern, wie eine weggeworfene Blechdose. Vielleicht ist der Kleinbus ein wenig zu

schnell in die Kurve gefahren, vielleicht ist er einem herabfallenden Felsbrocken ausgewichen... Niemand der zwanzig Insassen hat den Absturz überlebt. Unsere Mitreisenden zeigen sich ungerührt – durchschnittlich einmal im Monat flitzt hier ein Fahrzeug über die Kante.

Wie zum Hohn zeigt das jenseitige Ufer jetzt breite, flache Hänge, wo die Straße viel einfacher und vor allem sicherer hätte geführt werden können. In der Tat war sie dort auch geplant gewesen. Sabotage, Diebstahl und massive Bedrohung der Baubrigaden durch die Bewohner aus den Seitentälern erzwangen aber schließlich die Verlegung. Islamabad ist weit, und dieser Schmelztiegel aus Pathanen, Mongolen, Chinesen, Kamianen und Türken im »Land der Unregierbaren« lebt bis heute nach eigenen Gesetzen.

Immer seltener sehen wir Siedlungen am Ufer. Der Indus wird mehr und mehr Teil der Steinwüste. Tief eingeschnitten, ist er als Wasserquelle unzugänglich. Von ihm weiß man hier nicht viel mehr, als daß Menschen, die hineinfallen, darin umkommen.

Kurz vor Sazin und dem Ende Kohistans treten die Berge zurück. Den Himalaya im Rücken, blicken wir auf die Ausläufer des Hindukusch. Für eine Weile gezähmt, windet sich der Indus durch ein weites, sandiges Tal. Zwischen Straße und Ufer ist Raum für grüne Felder und Obstbäume. Am Fluß wird gefischt.

»Petroglyphs for the next 70 km« (Felszeichnungen auf den nächsten 70 km) kündigt eine Straßentafel an. Bis Chilas am Fuß des Nanga Parbat liegt hier ein steinernes Geschichtsbuch über Jäger, Händler, Krieger und Pilger aufgeschlagen, ein getreues Protokoll der Entwicklung der Menschheit an diesem jahrtausendealten Verkehrsweg. Mehr als 10.000 Felszeichnungen und 1.500 Inschriften wurden gefunden: frühzeitliche Darstellungen von Leoparden und Antilopen aus der Hand persischer Nomaden, gefolgt von berittenen Kriegern der Pathanen und schließlich die zahllosen Buddhaskizzen der Verkünder einer neuen Religion.

Immer wüstenhafter wird das Tal auf der weiten Schleife um den Nanga Parbat, unerreichbar für die Regenfälle des Monsuns. Hier brennt die Luft, Wanderdünen wogen ans

Flußufer oder kriechen über die Straße, asch-fahle Ebenen sind mit nichts als Kieseln und Geröll übersät, ein Netz aus Klippen und Rinnen. »Das nackte Skelett der Welt lag hier vor uns...«, notierte der Bergsteiger W. M. Conway. Die Landschaft war das Bett des erwähnten Stausees, den der Indus nach einem Erdrutsch bis kurz vor Gilgit wachsen ließ. Vom Nanga Parbat bleibt in dieser Nähe nur der Eindruck eines riesigen, öden Klotzes. Erst ein Stück flußaufwärts, aus gebührender Entfernung, zeigt er seine imponierende Pracht, im Dörfchen Talechi etwa, wo dazu noch die Gipfel des Rakaposhi, Dubanni und Haramosh ins Blickfeld kommen. Bald darauf verläßt der Karakorum Highway den »Vater aller Flüsse«, und nach einer weiteren Stunde durch staubtrockene, geschundene Täler ist Gilgit erreicht. Hier in diesem alten Karawanenort verschnauft man, bringt die Nerven wieder ins Lot und freut sich langsam auf die kommenden Etappen. Dieser verdammte Highway ans Ende der Welt – er kann einen schon süchtig machen!

Gute zwei Fahrstunden sind es von Gilgit nach Karimabad im Hunzatal, weitere fünf zum Kunjerab-Paß – wenn man es eilig hat. Eile aber wäre der ungeeignetste Begleiter, denn jetzt beginnt der schönste Abschnitt mit immer neuen, überraschenden Ausblicken. Für mich sind es faszinierende zweihundertfünfundsiebzig Kilometer einer Gebirgsstraße, für den Bergsteiger Eric Skipton lag hier »die äußerste Steigerung der Großartigkeit der Gebirge«.

Gleich hinter Gilgit überspannt die längste Hängebrücke Asiens den kristallenen Hunzafluß. Zweihundert Meter lang wippt und wogt unser Jeep auf knirschenden Holzbohlen und ächzenden Stahltrossen, taucht unmittelbar danach in einen gewinkelten Tunnel. Der Karakorum Highway folgt nun dem Ostufer des Hunza, der einen respektvollen Bogen um den Rakaposhi schlägt. Immer wieder taucht seine firngekrönte Spitze überraschend auf und zieht magisch den Blick an. Obgleich das Tal weit ist und kaum merklich ansteigt, spüre ich hier zum ersten Male, daß es dem Dach der Welt entgegengeht. Jenseits des Flußbettes ducken sich hin und wieder Ortschaften am Fuß fahler Berge. Fächerartig folgen sattgrüne Terrassen den Schluchten bis zum Ufer. Und dann ist die

Reise erst einmal zu Ende. Polternd, zischend, zerstörend folgen sich in Minutenabständen Geröllawinen und jagen als gelbbraune Schlangen vom Berg herunter und über die Straße. Abwarten und Tee trinken, das ist man hier gewohnt. Der Shop vor der »Rahimabad Slide« hat oft und gut zu tun. Stunden vergeblicher Hoffnung, dann hat uns Gilgit wieder.

Einen Tag später ist der Berg beruhigt und erlaubt die Weiterreise in den kühlen Dämmer langer und himmelhoher Schluchten. Dahinhuschende Felswände ganz nah zu beiden Seiten, links tost der Hunzafluß. Drüber kleben Linienfetzen auf dem Absturz. Es sind die Reste der alten Jeepstraße, von der Natur portionsweise abgesprengt. Wie Gardinenleisten aus der Halterung sind ganze Abschnitte in den Fluß gefallen. Wagemut müssen die Reisenden besessen haben, die früher dem Lauf der Seidenstraße durch diese fast geschlossenen Klammen folgten. Hier gibt es kein Leben, kein Licht. Nur heulenden Wind und wirbelndes Wasser, manchmal acht Kilometer lang. Im Sommer füllt der Fluß die Schlucht bis zum Rand, im Winter blockiert Schnee den Norden Hunzas.

Das Licht schmerzt, wenn wir aus den Gruften auftauchen. Am Himmel tanzen Grate und Gipfel. Schluchten weiten sich, aber die Lebensräume bleiben schmal. Wo immer es halbwegs ebenen Boden gibt, klammern sich Felder und Häuser fest.

Eine elegante Brücke, flankiert von steinernen Löwen, führt hinüber nach Hunza. Der Jeep keucht das Steilufer hinauf. Begeisternd der Blick auf die jenseitigen Felder drüben in Nagar, das an den Fuß des Rakaposhi gezwängt ist. Bald sechstausend Meter wächst er in einem Zug steil aus dem Flußbett heraus, gekrönt von einer filigranen, blendend weißen Spitze. Er beherrscht das Tal, aber er erschreckt nicht oder bedroht, trotz seiner Größe. Der Rakaposhi ist ein eleganter Berg, fast freundlich – eine perfekte Kulisse.

Dann aber Hunza. Ganz plötzlich, hinter einer Kurve – der Anblick schmerzt fast, so schön ist er. Eingerahmt von leuchtenden Schneegipfeln liegt da ein Tal ausgebreitet, wie es auf der Welt nicht viele gibt. Hier hat man Steine zum Blühen gebracht. Wie Fischschup-

Immer hart am Abgrund: Karakorum Highway durch Kohistan.

pen gleiten smaragdgrüne Felder von nackten Steilhängen zur Uferkante herab, schlanke Pappeln setzen Akzente. Diese Stromtalkultur besitzt eine Harmonie, der sich kein Reisender entziehen kann. Eine heitere Anmut geht von diesem sonnigen Balkon aus, und mir fällt, eingeschlossen von den Fels- und Eiswüsten Hochasiens, Oberitalien ein. Hier fährt man nicht durch, hier kommt man an!

Doch der Karakorum Highway hat gerade erst begonnen, sein surrealistisches Bilderbuch aufzuschlagen. Hinter jeder Kurve lauert ein neuer atemberaubender Blick, und es gibt noch viele Kurven. Die Kamera hat viel zu tun, der Fahrer nicht – zunehmend ist er zum Halten und Warten verdammt.

Gletscher hängen über der Straße oder züngeln bis an ihren Rand, ungeheure Berge ragen in so großer Zahl auf, daß einem schwindlig wird. Wohin man auch blickt, Gipfel blicken zurück. Der Hunza-Fluß mäandert zu Füßen steinerner Kathedralen, wo Wetter und Zeit feine Strukturen gemeißelt haben. Daneben immer wieder Siedlungen auf fruchtbarem Schwemmland der Seitenflüsse. Terrassenfelder und Obstgärten knüpfen ein farbiges Patchwork. Wie stumpfes Gold schimmern reife Getreideäcker und trocknende Aprikosen.

Sust ist der letzte Ort in Pakistan, und so sieht er auch aus. 35 Kilometer vor der Grenze haben sich Zoll und Geldwechsel eingerichtet, dazu einige hastig in den Staub geworfene Hotels, ein Zweckdorf am Rande der Welt. In den wilden Bergen und abgeschiedenen Tälern rundherum leben freundliche Wakhis: Menschen, für die Pakistan oder China abstrakte Begriffe sind, die sie nichts angehen. Im Nationalpark unterhalb des Kunjerab-Passes beschleichen die letzten Schneeleoparden die allerletzten Marco-Polo-Schafe, gehen Bären ihre verschwiegenen Wege und sagen sich Fuchs und Ibex-Antilope gute Nacht. Ein paar verfallende Steinbaracken chinesischer Baubrigaden am Straßenrand – sonst nichts, was auf menschliches Leben schließen ließe.

»Schwarzes Geröll« – kurz vor dem Ende wird der Karakorum seinem Namen doch noch gerecht. Ein letztes Mal umklammern uns seine Schluchten – schwarz, öde und nackt. Die Wände sind in wohnhausgroße Blöcke und Platten gerissen, jederzeit bereit, ins Flußbett zu fallen und einmal mehr einen See aufzustauen. Aus jeder Kerbe fließt Geröll, wie Kohleschüttungen.

Immer entschiedener führt die Straße bergan. Der Kunjerab-Fluß wird zum Gebirgsbach,

Weiden und Birken säumen die Ufer. Langsam treten die Berge zurück und werden runder, stimmen auf die weichfließenden Formen des Pamir ein. Hier beginnt Zentralasien. Das Wasser jenseits des Passes wird nicht mehr vom Indischen Ozean aufgenommen, sondern verdampft im heißen Becken der Taklamakan.

Ein paar letzte Haarnadelkehren, dann sind wir oben, ganz nah unter grauen Wolken. Kein Ort, der Begeisterung auslöst, eher die Frage, was wir hier eigentlich verloren haben. Zwei Grenzbeamte scheinen eine Strafe zu verbüßen. Unfähig zur Unterhaltung miteinander, tun sie nichts weiter, als im Kreis umeinanderherum zu trotten.

Ein Steinmonument sorgt für einen Anflug von Bedeutung. Es verrät, daß wir 4.877 Meter über dem Meer stehen (was falsch ist), und die Paßstraße 1982 eröffnet wurde. Tradition hat der Übergang also kaum. »Bluttal« bedeutet sein Name in der Sprache der Wakhis. Vielleicht geht er zurück auf die Zeit, in der dieses Volk zusammen mit den Hunza Reisende ausplünderte. Bis zum Ende des letzten Jahrhunderts überfielen sie gemeinsam die Reisenden – vielleicht liegt hier eine Wurzel des Namens.

Der alte Weg von Hunza ins Reich der Mitte ging über den Mintaka-Paß, doch dieser lag den Planern zu nah an Afghanistan und Rußland.

Der Karakorum Highway – ist er wirklich das achte Weltwunder? Ein Stückchen Seidenstraße in Teer gegossen! Na und? Sein Geheimnis offenbart sich nur dem Reisenden. Dieser fiebrige Taumel will »erfahren« werden. Der Highway eröffnet Regionen, die noch vor kurzer Zeit nur Forschern und Abenteurern zugänglich waren. Für mich ist es die phantastischste Straße der Welt.

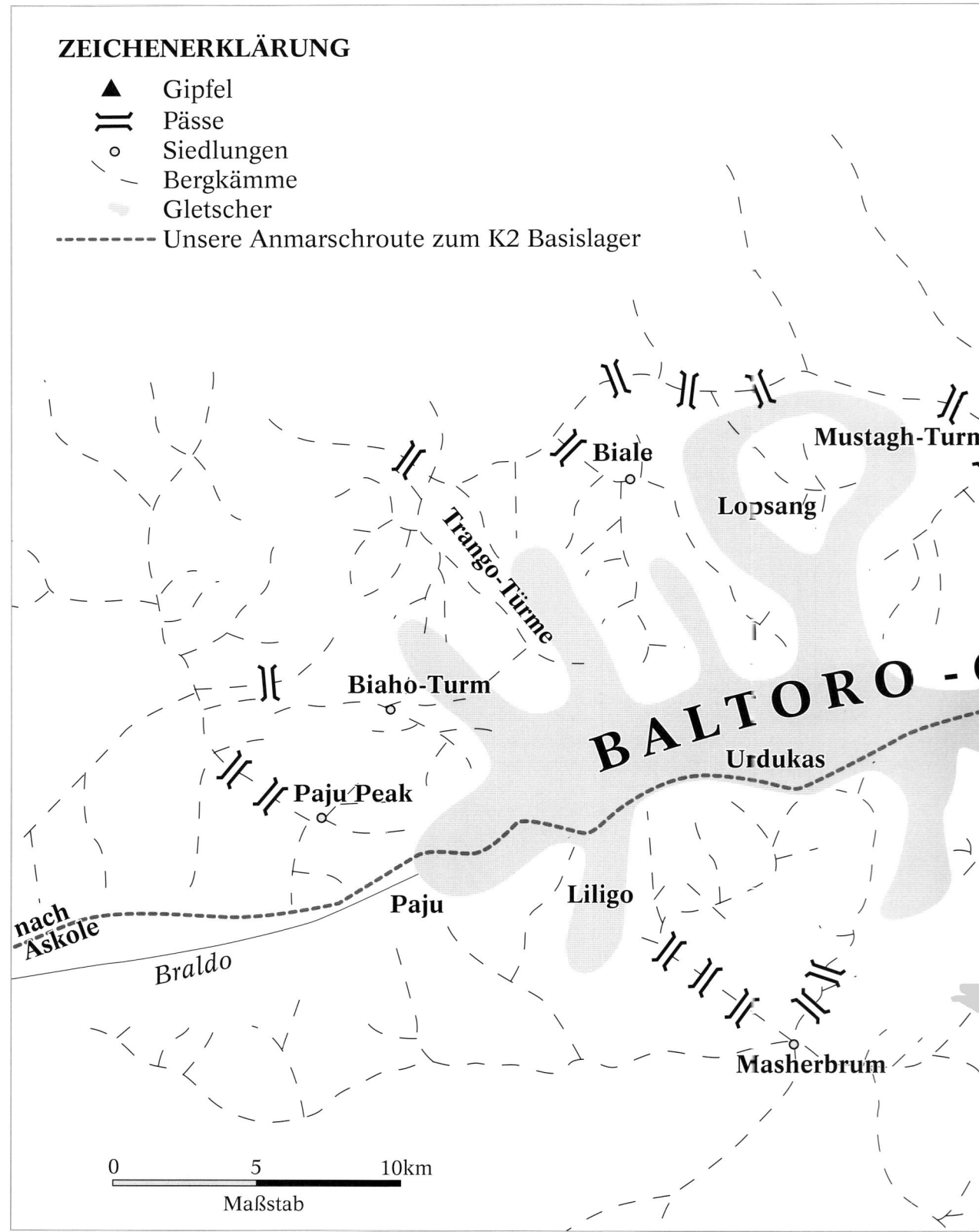

ZEICHENERKLÄRUNG

▲ Gipfel
Ⱶ Pässe
o Siedlungen
Bergkämme
Gletscher
------- Unsere Anmarschroute zum K2 Basislager

Biale

Mustagh-Turm

Lopsang

Trango-Türme

BALTORO -

Biaho-Turm

Urdukas

Paju Peak

Liligo

nach
Askole

Paju

Braldo

Masherbrum

| 0 | 5 | 10km |

Maßstab

▲ K2 (8611m)

GODWIN-AUSTEN-GLETSCHER

▲ Broad Peak
(8047m)

Gasherbrum II
(8035m) ▲

Gasherbrum IV ▲

Gasherbrum La ▲

Concordia

Hidden Peak
(8068m)

Mitre Peak

LETSCHER

ABRUZZI - GLETSCHER

Sia Kangri

Baltoro Kangri

Chogolisa

N
W   O
S

Steine, Eis und Hitze – der lange Marsch zum K 2

»Baltoro, der gewaltige Eisstrom im fernen Baltistan und sein unvergleichlicher Gipfel-kranz, die herrlichste Hochgebirgs-Landschaft der Erde! Der Chomolungma (Mount Everest, 8848 m) mag noch etwas höher sein als der K 2 (8611 m), der Herrscher des Baltoro. Die unge-heure Masse des Kangchendzönga (8579 m) mag drohender, unheimlicher, wahrhaft dämo-nisch wirken. Aber der gar nicht auszuschöp-fende Reichtum an Schönheitswerten, die Zahl, Mannigfaltigkeit und adelige Gestalt der Gipfel, die überwältigende Fülle bergsteigeri-scher Möglichkeiten... alles das macht das Baltoro-Gebiet wahrhaft einzigartig. Es ist der genialste Ausdruck, den die gebirgsbildenden Kräfte auf unserem Planeten gefunden haben; es ist das Ideal-Land nicht nur für den aktiven Bergsteiger, sondern überhaupt für jeden Menschen, der für alpine Schönheit empfäng-lich ist.« *Günther Oskar Dyhrenfurth*

Der Knall zerreißt Rawalpindis nächtliche Stille. Gleichmütig lenkt der Fahrer das Taxi an den Rand der breiten Ausfallstraße und macht sich routiniert an den Radwechsel.

»No problem.«

Fünf Personen plus Fahrer plus Expedi-tionsgepäck waren mir gleich zuviel für den altersschwachen Morris erschienen. Ich hatte nicht einmal geglaubt, daß wir alle hineinpas-sen würden. Der eben geplatzte Pneu war schon ein Alptraum gewesen, aber als der Fahrer jetzt das »Reserverad« aus dem Koffer-raum hebt, bleibt mir die Luft weg. Im funzeli-gen Licht einer Taschenlampe lacht mich mür-bes Reifengewebe an – zwei Hände breit kein Gummi mehr!

Aus fremden Trägern sind Freunde geworden.

Ich stoße Horst in die Rippen: »Dieser Strohkranz da trägt uns nie! Laß uns beide laufen. So weit kann es jetzt nicht mehr sein.«

Der Fahrer zeigt die dunkle Straße hinunter: »National Airport three miles only« (Flughafen nur fünf Kilometer).

Die Bergstiefel schlagen hart auf den Asphalt, als wir durch das schlafende Rawalpindi rennen. Eben überholt uns hoppelnd das elende Taxi mit den winkenden Freunden.

»Es muß durchhalten, es muß einfach! Bloß nicht den Flug verpassen, solch unverschämtes Glück haben wir nicht wieder«, keucht Horst.

Als wir gestern in Rawalpindi angekommen waren, sprachen wir ohne Illusionen im PIA-Office vor. Doch die Auskunft kam einem Lotteriegewinn gleich.

»Flight to Skardu, tomorrow? How many people?« (Einen Flug nach Skardu, morgen? Wie viele Personen?)

»Five.«

»No problem.«

Ungläubig, wie man Falschgeld betrachtet, hielten wir die Tickets in den Händen. Sie würden uns, so Allah es wollte und für gutes Flugwetter sorgte, den 800 Kilometer langen, nervenaufreibenden und gefährlichen Landweg hinauf nach Baltistan ersparen. Ulrike und ich kannten den Karakorum Highway von früheren Reisen, und ich war froh, daß unsere

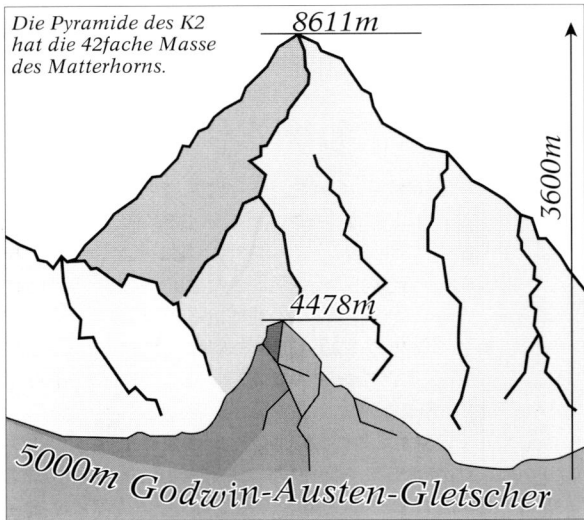

Größen- und Massenvergleich des K2 mit dem Matterhorn

Freunde Horst und Elke mit ihrer fünfzehnjährigen Tochter Alexandra diesem meist unvermeidlichen Prolog zur eigentlichen Reise entgingen.

Das Taxi hält durch, der Wetterbericht von Skardu ist zuversichtlich, und um 6 Uhr hebt die bejahrte Fokker Friendship ab. Schwerfällig gewinnt sie an Höhe und überfliegt knapp einige kiefernbestandene Bergrücken, offenbar die Margalla-Berge. Im klaren Morgenlicht glitzern Flüsse, funkeln Seen wie Spiegel, leuchten Terrassenfelder und winken Dörfer – ein schönes Land. Doch meine Sinne sind schon voraus, warten auf »ihn«, der ganz langsam, noch weit entfernt über dem Dunst der Ebene, Gestalt annimmt: der Nanga Parbat, der Nackte Berg. Rasch wird er größer, und eine Stewardeß winkt uns ins Cockpit:

»Please take pictures« (Sie können fotografieren).

Der Pilot fliegt kleine Schlenker, um Horsts Kamera gute Blickwinkel zu präsentieren. Ein riesiger weißer Klotz steht da, einsam und kalt, ein funkelndes Bollwerk. Nur auf seinem Gipfel, der immer noch hoch über uns liegt, schimmert versöhnlich warmer Sonnenglanz.

Kurz nachdem wir diesen letzten Gipfel des Himalaya westlich umflogen haben, ändert sich die Szene schlagartig. Die Berge zu beiden Seiten werden höher, drohender, und in den eben noch seidig blauen Himmel steigen immer dichtere Quellwolken aus den Tälern herauf. Meine Hände werden feucht, als ich unter mir das braune Band des Indus ausmache. Hier beginnt die kritische Flugphase: Wir fliegen auf Sicht in 5.500 Metern Höhe an Bergen vorbei, die weitaus höher sind. Wir folgen dem gewundenen Lauf der Schlucht, die der Indus zwischen dem Deosai-Plateau mit dem Nanga Parbat Massiv (8.125 m) und der Haramosh-Gruppe (7.482 m) eingesägt hat und die schnell durch Wolkenbarrieren verstopft sein kann. In der Enge des Tales wäre ein Umkehren ausgeschlossen – es ist die engste Klamm auf Erden, die von einer zivilen Fluglinie durchflogen wird. Erleichtert atme ich auf, als unter mir grüne und gelbe Felder dahinziehen, Häuser mit flachen Dächern, auf denen Aprikosen in der Sonne trocknen. »Tibet der Aprikosen« kommt mir in den Sinn: So wurde Baltistan früher

Im Skarden-Tal schwillt der Indus zum See.

genannt. Bald darauf ein kurzer Stoß, und die Erde hat uns wieder.

Problemlos die Anmeldeprozedur in Pakistans sensiblen Northern Areas, und schon zuckeln wir in einem Kleinlaster ein weites Tal hinauf, das von wüstenhaften, purpur-, grau- und ockerfarbenen Bergen flankiert wird; hin und wieder Obstgärten, von schlanken Pappeln umsäumt. Jedes Land hat seinen eigenen Geruch und Geschmack. Baltistan schmeckt nach Staub. Er kriecht in die Augen, bedeckt Straßen, Bäume, Menschen.

Dieses Mekka der Bergsteiger aus aller Welt ist gleichzeitig ein kulturelles Fossil. Während uns der Fahrer hupend durch den Basar kurvt, habe ich das Gefühl, vor zwei Tagen in Deutschland nicht ein Flugzeug, sondern eine Zeitmaschine ins Vorvorgestern bestiegen zu haben.

Wie alle Expeditionen, beziehen wir im traditionellen K 2-Motel Quartier. Es ist ein stattliches Gasthaus, eine kleine, geschlossene Anlage am Rande der Stadt, wie auf einer Terrasse luftig über dem Indus gelegen. Dicke graue Steinquader sorgen im Innern für behagliche Kühle. Im Büro des Managers treffen wir auf einen würdevollen Mann. Er schaut uns an, als hätte er uns erwartet:

»Salam aleikum.«

Höflich wiederholen wir die Grußformel.

Sein himmelblaues Gewand läßt an einen Pyjama denken, aber sein feingeschnittenes, wettergegerbtes Gesicht unter der landesüblichen Rollmütze, der weiße Kinnbart und seine ruhigen, geschmeidigen Bewegungen geben ihm etwas Aristokratisches. Er spricht leidlich Englisch und läßt uns wissen, daß wir einen Offizier der pakistanischen Armee vor uns haben. Vor einem Jahrzehnt ist er aus dem Dienst geschieden und begleitet seither als »Sirdar« Expeditionen ins Karakorum. »Die nächsten vier Wochen wäre ich frei: Was habt ihr vor?«

»K 2 Base Camp.«

Er mustert uns eine Weile, streicht sich den Bart und nickt.

»Tike.«

»Tike« ist Urdu und kann vielerlei heißen, im allgemeinen aber einfach »o.k.«. Instinktiv hatten wir gleich Vertrauen gefaßt, einer nach dem andern geben wir ihm die Hand.

»Tike. Können wir morgen starten? Wie viele Träger brauchen wir?«

»Etwa zehn. Ab Askole noch ein paar mehr. Ich besorge zwei Jeeps für morgen früh. Heute nachmittag gehen wir zum Basar. Ich heiße Fida Hussein, aber alle nennen mich nur Fida.«

Und weg ist er. Wir sind sprachlos – fast zu gut läßt sich alles an. Horst sinniert:

»Ist vielleicht nicht schlecht, so ein Offizier. Klare Verhältnisse.«

Die Wände des Büros sind über und über gepflastert mit Fotos und Grußkarten vorange-

Verantwortung beginnt im Kindesalter: Jungen helfen auf dem Feld, Mädchen sorgen sich um die Kleinsten.

gangener Expeditionen ins Baltoro-Gebiet – ein buntes Patchwork erfüllter Sehnsüchte und großer Abenteuer, die nicht immer gut ausgingen. Der Erfolg ist neben die Tragödie gepinnt.

Vom Garten aus, am Rande eines Abbruchs, haben wir einen weiten Blick über den Fluß. Mittagshitze lastet über dem Tal. Trotz der starken Sonnenbrille muß ich blinzeln, so grell ist das Licht. Vor den Bergen am jenseitigen Ufer verliert sich die Klarheit; Sand liegt in der Luft. Der sonst so wilde Indus schiebt sich träge und mäandernd durch eine sandige Ebene mit Wanderdünen, die einer Wüste gleicht. Im Sommer führt er nur wenig Wasser, und doch sind einige der ufernahen Pfirsich- und Aprikosenplantagen jetzt überschwemmt. Ich stelle ihn mir zur Zeit der Schneeschmelze vor, wenn er das Tal ausfüllt und bis auf acht Kilometer Breite anschwillt.

2.400 Meter sind wir über dem Meer, aber von frischer Bergeskühle ist nichts zu spüren. Heißer Wüstenwind fegt gelbbraune, vegetationslose Berghänge herab, macht den Aufenthalt draußen zur Qual und zwingt uns immer wieder zu kurzen Erholungspausen in die steinkühle Oase. Als die Schatten länger werden, hat sich die Tageshitze nur wenig gemildert. Fida kommt mit der Verpflegungsliste, und zusammen spazieren wir hinunter zum Basar.

Beiderseits der Hauptstraße erstrecken sich mannshoch schachtelartige Bretterverschläge mit schattenspendenden Veranden, Wand an Wand, Hunderte von Metern. Skardu, Baltistans größte Stadt, wirkt abgerissen, lieblos, schmutzig, ohne geringste Anzeichen von orientalischem Flair. Unablässig wirbelt heißer Wind Staub und Gestank durch die Gassen. Ausnahmslos sehen wir Männer: Sie hocken auf Kisten in ihren Lädchen, sie schlendern paarweise und halten sich an den Händen, sie stehen schwatzend in Gruppen. Eile scheinen sie nicht zu kennen. Ungerührt plaudern sie auch dann noch mitten auf der Straße, wenn sich der Verkehr schon staut.

Zielsicher hat Fida einen bestimmten Verschlag angesteuert. Wir dürfen an einem Tischchen im Schatten Platz nehmen und werden mit Milchtee versorgt. Die schrägen

Offizier außer Diensten: unser Führer Fida.

Strahlen der Sonne lassen Staub und Fliegen tanzen. Während Fida in der Ecke mit stoischer Würde Posten für Posten seine Liste abhakt, turnt der Händler wieselflink zwischen seinen Kisten und schwitzt dabei vor Freude und Anstrengung. Berge von Mehl, Linsen, Reis verschwinden in großen Säcken, dazu Zucker, Zwiebeln, Kerosin, Zigaretten; berechnet für zehn, später 15 Träger und mindestens drei Wochen. Oben in den Bergen war nichts mehr von all dem zu haben. Fida kennt die Rationen, und wir müssen ihm vertrauen – wohl wissend, daß schon manche Expedition am Baltoro-Gletscher in große Schwierigkeiten geraten ist, weil sie nicht genug Nahrung für die Träger mitgenommen hatte. Unversehens sind wir umzingelt, fremdes Geschwätz über unseren Köpfen. Eine Schar von Gaffern zieht einen immer engeren Halbkreis um die Baracke, schaut in die Säcke, stiert unverhohlen in unsere Gesichter. Zwar sind Fremde schon lange nichts Ungewöhnliches mehr in Skardu, aber drei junge Frauen müssen einfach einen kleinen Auflauf bewirken. Besonders Alexandras lange blonde Haare haben es den Männern angetan.

Ungeniert wie Kinder haben sie sich vor ihr aufgebaut, lachen und schwatzen. Immer mehr kriecht sie in sich hinein und ist froh, als endlich alle Säcke prall verschnürt sind und der Einkauf beendet ist.

Auch am Abend kühlt es nur wenig ab, der Wind ist noch angeschwollen. In heftigen Böen fällt er die Berge herab, braust in den Pappeln. Das Zimmer kommt mir jetzt stickig vor. Ich falle in unruhigen Schlaf.

28. Juli

Gleich nach dem Frühstück gehe ich mit Elke zur Bank, einem barackenartigen Steinbau. Neben der niedrigen Holztür steht ein Soldat mit einer altertümlichen Flinte wie eingewurzelt und vermittelt einen Anflug von Würde. Unter höflichen Verbeugungen geleitet er uns ins Innere und führt uns zum Direktor. Nach umständlichen Eintragungen in abgewetzten Kladden werden aus Dollarnoten gewaltige Bündel mit Rupienscheinen, auf den ersten Blick kaum von Altpapier zu unterscheiden. Wir brauchen viel Kleingeld, denn wechseln wird uns in den Bergen niemand mehr können. Für alles, was wir noch kaufen werden, und auch für die Löhne der Träger müssen wir Geld abgezählt bereithalten.

Gegen halb zehn kommen Fida und die beiden Jeeps. Bis zur Ortschaft Dassu (2.450 m) können sich noch Jeeps durchkämpfen – neunzig hitzeflirrende Kilometer durch eine Gebirgswüste. Einige Kinder verfolgen aufmerksam das Verladen unserer Ausrüstung und des Proviants. Auf ihre Rollen als Erwachsene werden Kinder wohl von Anfang an vorbereitet, Spielzeug sehe ich nicht. Anstatt Puppen tragen kleine Mädchen ihre noch kleineren Geschwister auf dem Arm, um die sich zu kümmern ihre Pflicht ist. Jungen helfen den Vätern bei der Feldarbeit.

Als alles verstaut ist, sind die Jeeps mehr als voll, und wir fädeln uns in winzige Lücken im Gepäck. Bis zur Hängebrücke über den Indus geht es recht gut, aber gleich danach, im Tal des Shigar-Flusses, beginnt das Rodeo. Die »Straße« ist nichts weiter als eine Kette von Hindernissen; steinweise, lochweise schaukeln wir voran. Hockend, liegend, purzelnd werden wir erbarmungslos durchgeschüttelt. Wir fah-

In löchriger Kiste über den kochenden Braldo.

ren durch ofenheiße Schluchten, reißende Gletscherbäche und über schwankende Hängebrücken, vorbei an ockerfarbenen, zerschlissenen Bergen – eine Landschaft, die fremd ist wie der Mond. In den Straßendörfern sind die Häuser halb städtisch an den Durchfahrten gruppiert, verlieren sich dann aber bald in Feldern und karstigen Hängen. Überall halten wir, und ich gehe mit Fida auf die Suche nach Trägern, die sich zunehmend zeitraubend und schwierig gestaltet. Niemand will mit uns kommen, aber »inschallah« werden wir bis Dassu zehn Träger und einen Koch aufgetrieben haben. Schließlich spürt Fida doch »seine« Leute auf, und ganz allmählich wird es immer noch enger in unseren Jeeps.

Kurz vor Dassu endet dann auch für einen Jeep die Welt. Von hier aus geht es 160 Kilometer immer eine Schlucht hinauf; die letzten 70 Kilometer auf einem Gletscher. Nach dem Stakkato der Jeep-Tortur fühle ich mich wie nach einer Tracht Prügel, und es tut gut,

Fruchtbarkeitsinseln in einem Meer aus Schutt.

wieder die Glieder zu richten, seine Beine zu spüren.

Ich genieße bei großen Touren immer ganz besonders diesen Augenblick, wo der Streß des Organisierens vor Ort, wie Permits einholen, Träger auftreiben, Nahrungsbeschaffung und Transportprobleme, hinter mir liegen und ich mich dem Genuß des Gehens hingeben kann. Alles läßt sich bestens an: Erst vor drei Tagen sind wir in Deutschland aufgebrochen, und jetzt soll es schon richtig losgehen? Das Glück scheint mit uns zu sein.

Der Wind wirft Wellen über die Getreidefelder, er streicht durch mächtige Aprikosenbäume. Wir freuen uns jetzt schon auf die Früchte, die uns bei unserer Rückkehr in drei Wochen reif und golden anlachen werden.

Am Rande des Dorfes errichten wir unser Camp. Ein leerstehendes Rasthaus mit einem Weidenhain nah am Fluß bietet einen idealen Platz für die Nacht. Die Träger verkriechen sich im Schatten einer Mauer, und Fida legt die

Details der Entlohnung fest. Es ist üblich, nach bestimmten, feststehenden Tagesetappen zu bezahlen. Sollten sie zwei solcher Etappen an einem Tag schaffen, erhalten sie doppelten Lohn.

Die Hitze treibt uns in der Hoffnung auf ein kühles Bad an den gurgelnden und rauschenden Braldo-Fluß. Wir laufen das Ufer auf und ab, können aber in dem lehmgrauen Aufruhr von Strudeln und Gischt kein auch nur halbwegs sicheres Badeplätzchen entdecken. Wir sehnen den Abend herbei, wenn die Schatten endlich länger werden. Gleich hinter den schmalen Gerstenfeldern steigen die Berge steil auf – auch hier nichts weiter als riesige Geröllhalden aus graubraunem Fels. In der Ferne schimmern angeschneite Bergspitzen wie aus einer anderen Welt. Eine Handpumpe fördert röhrend und schmatzend einen dünnen Strahl klaren Wassers zutage, und in immer kürzeren Abständen halten wir die Köpfe unter das erfrischende Naß.

Mit Hilfe einer primitiven Federwaage stelle ich mit Fida Lasten zusammen, exakt 25 Kilogramm pro Mann.

Lange sitzen wir noch mit den Trägern am Feuer zusammen. Ich versuche, mir ein Bild vom Charakter dieser archaischen Gestalten zu machen, forsche in ihren Gesichtern. Sie werden unser Vorhaben entscheidend bestimmen, sie sind der größte Unsicherheitsfaktor. Wir wären nicht die erste Expedition, der im wildesten Gebirge der Welt die ganze schöne Ausrüstung unversehens auf den Gletscher geworfen wird. Zwar ist die Trägerarbeit in diesen Tälern die einzige Möglichkeit für die Leute, Geld zu verdienen, aber eine entfremdendere Arbeit als Lastenschleppen für fremde Menschen ist wohl nicht vorstellbar. Ich hatte bisher keinen Bericht gelesen, in dem nicht von plötzlichen Trägerstreiks die Rede war.

Als das Feuer erlischt, sucht sich jeder einen Platz hinter dem Haus und bereitet sich ein Lager unter freiem Himmel. Ich höre dem Braldo zu. Sein eintöniges Lied singt mich in den Schlaf.

29. Juli
Im fahlen Licht des heraufziehenden Morgens erkenne ich schemenhaft einige Gestalten.

die sich an den Säcken zu schaffen machen. Es sind einige unserer restlichen Träger. Tags zuvor hatten wir unmöglich alle im Jeep mitnehmen können, und so waren sie von ihren Dörfern zwanzig, dreißig Kilometer hierher gelaufen. Es sind abenteuerliche Gestalten darunter. Es wird gespuckt und gerotzt, die Kleidung hängt in Fetzen, die Füße stecken in meist viel zu großen, knöchelhohen Gummischuhen.

»Können wir sie so überhaupt mitnehmen? Was ist später auf dem Gletscher?« frage ich Fida. Er lacht:

»Don't worry. Wenn es darauf ankommt, gehen sie auch barfuß.«

Was hilft es – wir müssen Fida vertrauen, der offenbar die meisten dieser Leute kennt. Geschickt basteln sie sich aus ausgefransten Stricken und frisch abgeschnittenen starken Pappelzweigen ihre Tragkraxen.

Viel zu spät brechen wir auf an diesem ersten Morgen – schon bald werden wir in der engen Schlucht gnadenlos der steigenden Sonne ausgesetzt sein. Noch aber ist es kühl; leicht und schnell laufen wir am Ufer des Braldo, der donnernd Steine wälzt. Spärliche Vegetation unterstreicht noch die Trostlosigkeit dieser tief eingeschnittenen Klamm: staubige Salbeibüsche zwischen den Felsbrocken, gelegentlich ein verlorener Rosenstrauch mit rosafarbenen Blüten. Die Trägerkolonne sieht aus wie uniformiert – alle tragen das gleiche weite Baumwollhemd über einer ebenso weiten Pluderhose, schwarze, schlabbernde Gummischuhe, die Rollmütze schräg auf dem Kopf. Wichtigstes Ausrüstungsstück aber ist der »Matu«, ein langer, kräftiger Stock, der meistens einfach wie eine Balancierstange quer vor dem Körper getragen wird.

Wir wissen, daß wir bald auf die linke Flußseite queren müssen, aber wie soll das geschehen? So angestrengt wir auch schauen, eine Brücke ist nicht zu entdecken.

Es gibt auch keine. Als wir die ersten Träger einholen, sind sie gerade dabei, Lasten über den Fluß zu schicken: in einem brüchigen Holzkistchen, das über eine Rolle an einem Drahtseil geführt wird. Der »Brückenwärter« am jenseitigen Ufer zieht einzeln Männer und Lasten hinüber, begleitet von den Späßen der Träger. Es ist schon ein besonderes Gefühl, in dem schwankenden Kistchen zu hocken und durch den halb weggebrochenen Boden in die brodelnde, kaffeebraune Flut zwei Meter tiefer zu starren. Horst bezahlt beim Wärter den Wegezoll und behandelt ihm auch gleich sein schlimm vereitertes Ohr.

Der gute Fida: Es spricht für sein Einfühlungsvermögen, daß er uns erst jetzt beim Tee erzählt, wie die letzte Kiste im Vorjahr mit Mann und Maus in den Fluten verschwunden ist ...

Bis zur Mittagsrast im Dorf Chapko, an der Mündung eines Seitentales, führt der Weg breit und eben durch kleine Äcker. Irgendwann soll hieraus einmal eine Jeepstraße werden. Der Fortschritt dringt aus dem Süden immer tiefer ins Innere vor, erobert sich langsam die Täler des Karakorum und reißt Dörfer aus dem Mittelalter, in denen außer Zeit alles Mangelware ist. Die Wüste beginnt eine Handbreit neben den künstlich bewässerten Feldern ohne Übergang. Jeder Halm, jeder Baum ist ihr abgetrotzt. Nur ein Hundertstel Baltistans ist landwirtschaftlich genutzt, nur zwölf Menschen leben auf einem Quadratkilometer. Der Monsun, der feuchtwarme Südwind, der Indien und dem Südhang der Himalayakette die großen Regenfälle beschert, trifft nur sehr abgeschwächt auf den Karakorum. Die Feuchtigkeit versickert zum guten Teil auf den niederen Gebirgsketten und auf den Hochebenen, die dem Gebirgszug vorgelagert sind.

Als wir das Dorf verlassen, hat uns die Wüste wieder, und für lange Zeit werden wir durch kein Dorf mehr kommen. Hitze steht wie eine Glocke über dem Tal, sie fällt von den Wänden, reflektiert von den Steinen. Die klare Luft spielt Streiche und läßt Entfernungen schrumpfen – der Kessel aus weiten Canyons und kargen Schluchten dehnt sich zur Unendlichkeit. Als riesiges Heißluftgebläse fegt der Wind durchs Tal, die Temperatur erreicht jetzt gegen Nachmittag fünfzig Grad, und wir müssen uns zwingen, nach kurzen Rastpausen wieder aus dem Schatten großer Felsen herauszukommen. Die wenigen Seitenbäche sind versiegt, nur noch trockene Narben.

Unvermittelt endet der Weg. Obwohl bereits hoch über dem Braldo, müssen wir wieder hin-

Das Zögern des Neulings verliert sich mit jeder Querung.

unter, um ihn zu queren. Beängstigend steil stürzt zu unseren Füßen ein brüchiger Hang in die Tiefe. Vorsichtig tastend, mit dem Skistock als Stütze, jeden Schritt ausbalancierend, klettern wir die Schotterwand hinab. Immer wieder brechen Steine unter den Füßen weg und verschwinden polternd in der Tiefe.

Der Talboden ist von spitzkegeligen Felsen besiedelt, lauter ockerfarbenen Höckern, wie eine Herde lagernder Riesendromedare. Durch diese Hindernisse hat sich der Braldo eine enge Klamm gegraben, die er mit ohrenbetäubendem Getöse durchschießt.

Auf einem Steinplateau knapp über dem Fluß machen wir Rast. Zu trinken haben wir nichts außer der eiskalten, trüben Brühe des Braldo. Sie sieht im Becher aus wie zu lange gekochte Linsensuppe.

Unser Tagesziel erreichen wir heute nicht mehr – der Aufbruch heute morgen war einfach zu spät gewesen. Horst ist völlig fertig, sein schwerer Rucksack fordert seinen Tribut, und wir beschließen, über Nacht hier unten zu bleiben. Eben erkennen wir drei unserer Träger oben am Beginn der Schotterwand. Geschickt wie Steinböcke springen sie in der Fallinie in den Hang hinein. Ihre schweren Lasten drücken sie wadentief in Staub und Geröll; wie gute Skifahrer im Tiefschnee wedeln sie in kurzen Serpentinen blitzgeschwind den Hang hinunter. Und ich habe mir Gedanken um ihre Schuhe gemacht! Wir bekommen hier die Lektion vorgeführt, daß wir es sind, die erstmal Gehen üben sollten mit unseren zivilisationsverbogenen Füßen in High-Tech-Schuhen.

Der Koch Ali Hassan hat eine Feuerstelle hergerichtet und macht sich daran, für die ganze Mannschaft »Tschapattis« zu backen. Er rollt Teig zu Kugeln und schlägt diese dann von einer Hand in die andere zu dünnen Fladen aus. Es sind harte Menschen hier in einer harten Umgebung, aber was wir ab sofort essen, ist noch härter. Immer mehr habe ich bei den Tschapattis das Gefühl, auf gemahlenen Steinen zu kauen. Ich werde Ali Hassan auf die Finger schauen, ob er das Mehl vielleicht mit Sand streckt.

Müde kriechen wir in die Schlafsäcke, die wir auf den Felsen ausgebreitet haben. Warmer Wind streicht das Tal herauf. Die Träger sitzen noch lachend und schwatzend um das Feuerchen herum. Ich empfinde plötzlich eine starke Zuneigung zu diesen Männern, als wären sie mir nicht mehr fremd. In dieser wilden Landschaft, am Ende der bewohnten Welt und am Beginn eines großen Abenteuers fühle ich mich bei ihnen geborgen. Es drängt mich, mit ihnen zu sprechen. Ich gehe zu jedem einzelnen hin und erkundige mich nach seinem Befinden. Offenbar sind sie Anteilnahme nicht gewohnt. Sie lächeln scheu und nicken mit den Köpfen:

»Tike.«

Als das Feuer erlischt, verstummen auch die Gespräche, und kurz darauf mischt sich vielstimmiges Schnarchen mit dem Brausen des Braldo.

30. Juli

Unser Team ist noch nicht eingespielt. Es ist bereits 5.20 Uhr, als wir aufbrechen. Jede halbe Stunde, die wir der gnadenlosen Sonne entwischen können, zählt. Vor diesem Tag haben alle Angst. Wir sprechen nicht darüber, wissen es aber auch so, daß vor uns der objektiv gefährlichste Teil des Anmarsches liegt: das Passieren der ungemein tückischen Braldoschlucht.

Wir laufen in kleinen Gruppen, um dem stets drohenden Steinschlag leichter ausweichen zu können. Ali Hassan versteht sich inzwischen

offenbar als »personal porter« von Ulrike und mir. In seiner liebenswürdigen Hilfsbereitschaft weicht er auf der ganzen Tour nicht mehr von unserer Seite. Beide mögen wir diesen etwas spitzbübischen Burschen. Sein sorgfältig gestutzter Oberlippenbart paßt eigentlich nicht in diese Täler mit ihren Menschen. Vielleicht ist er ein Relikt aus dem Großstadtdschungel Karachi, wo sich Ali ein paar Jahre als Taxifahrer durchschlug. Immer ist er für einen Spaß zu haben, und seine Fröhlichkeit steckt alle an.

Die Querungen der kirchturmdachsteilen Schotterhänge wollen nicht enden; keinen Augenblick lassen sie uns zur Ruhe kommen. Während der kurzen Steinschlagpausen turnen wir im Laufschritt über knapp fußbreite, abschüssige Steiglein, dabei nie die Wand über uns aus den Augen lassend. Jederzeit kann es

Träge mäandert der Braldo um leuchtende Sandbänke.

Spielt das Wetter mit, werden die Flachdächer zur Beletage.

irgendwo dort oben wieder lebendig werden, und wir wissen nie, wo genau die Steine dann auftauchen. Manchmal turnen wir hundert, dann nur einen Meter am Hang über dem wild kochenden Fluß. Unten übertönt sein Tosen das Aufschlagen und Zerspritzen der Steine, und da wir uns nicht mehr aufs Gehör verlassen können, müssen wir doppelt vorsichtig sein. Immer nur für kurze Augenblicke erholen wir uns an halbwegs geschützten Stellen, gönnen den Nerven etwas Ruhe. Ali Hassan schöpft Wasser aus dem Braldo und reicht es uns. Es schmeckt ekelhaft. Der Sand kratzt im Hals, der Magen rebelliert und möchte es am liebsten sofort wieder auswürgen. Diese verdammten Steine – jetzt trinken wir sie schon als pulverisierten Brei! Die Seitenbäche, die von den zerschlissenen Bergflanken herunterkommen, sind entweder mit Lehm und koffer-

großen Steinen gefüllte Hindernisse oder dürftige, schwärzliche Rinnsale.

Endlich neigen sich die Hänge etwas zurück, das Tal öffnet sich ein wenig. Fida hat uns eingeholt und zeigt aufmunternd nach vorn, wie auf ein sehnsuchtsvoll erwartetes Ziel:

»Green lane. Tea!« (Ein grüner Streifen. Tee!)

Es dauert eine Weile, bis ich in den gelben und ockerfarbenen Hängen eine spärliche Ansammlung von Büschen erkenne, die sich hundert Meter hoch den Hang hinaufzieht. In einer Landschaft, die vor Durst krepiert, ist ein Bach, der ein paar Sträucher und Gräser am Leben hält, Grund genug, einem Ort einen Namen zu geben.

Während der Teerast erzählt uns Fida von seiner Heimat. Weit herum hat ihn auch seine Offizierslaufbahn nicht geführt, aber immerhin, in der Nähe des Nanga Parbat war er im letzten

Letztes Wannenbad für einige Wochen.

Krieg gegen Indien. Begeistert erzählt er von den Murmeltieren und den blumenübersäten Wiesen auf der menschenleeren Deosai-Ebene. Sein Arm beschreibt einen Bogen:

»So many flowers. All flowers.« (So viele Blumen! Alles Blumen!)

Dann will er wissen, wie es bei uns zu Hause aussieht. Ich versuche, ihm klarzumachen, daß es im Sommer überall grün ist. Er kann es gar nicht glauben, fragt nach:

»All green?« (Alles grün?)

Ich nicke. Fassungslos streicht er sich den Bart und murmelt still, wie für sich:

»All green. Must be beautiful.« (Alles grün! Muß herrlich sein.)

Wir schauen betreten weg.

Gleich hinter dem Bach schiebt sich ein Bergsporn wie ein Sperriegel zum Braldo vor und zwingt uns wieder in die Höhe hinauf. Die Serpentinen sind kurz und steil, wir zwängen uns durch enge Kamine, die geradewegs in den Himmel führen. 400 Meter oberhalb der Schlucht, auf einer luftigen Aussichtskanzel, können wir fürs erste aufatmen. Bis hier herauf hören wir das dumpfe Poltern der tischgroßen Steine im Braldo. Wir schauen zurück in die lange, enge, gelbbraune Schlucht. Talauf das-

selbe Bild, und erst bei der nächsten Fels-biegung, noch weit entfernt versprechen ein paar Bäume Schatten: die nächste Siedlung, das Dorf Chongo vielleicht. Auf der gegenüber-liegenden Talseite laufen die ausgedörrten Bergflanken zu schmalen, geneigten Ebenen aus, ehe sie sich jäh senkrecht zum Bett des Braldo hinabstürzen, Hunderte von Metern tief. In Terrassenform liegen dort einige Äcker übereinander; für uns ein Farbtupfer in einer monochromen Welt, für die Menschen drüben eine bewohnbare Oase. Steinerne Rinnen nehmen von weither das Wasser eines Seiten-baches auf, ehe es nach einem ausgeklügelten System auf den Feldern verteilt wird. Einigen Dutzend Familien wird so ein Überleben mög-lich …

Ali Hassan ist unserem Blick gefolgt und lacht geringschätzig:

»Sie haben keine Aprikosen, nur Korn – noch dazu eine schlechte Sorte.«

Bedrückt schauen wir aus einer armen Welt in eine noch ärmere. Selbst auf der untersten Sprosse kennt das Elend immer noch Ab-stufungen. Dabei ist den Leuten selbst dieses armselige Fleckchen bebaubaren Bodens nicht einmal sicher: Zu ihren Füßen frißt der Braldo die Erde weg, und von oben begraben Fels-stürze ganze Äcker.

Ali Hassan ist ein Stück vorausgeeilt, und als wir ihn hinter einer Biegung einholen, stockt uns das Blut in den Adern. Geschmeidig wie eine Katze, mit seiner riesigen Last auf dem Rücken, tastet er sich auf allen Vieren eine Felsschulter entlang, die glatt und gebogen ist wie der Rücken eines Wals. Mit den Kanten sei-ner schlotternden Gummischuhe und wie mit Saugnäpfen an den Fingerspitzen schiebt er sich an den grifflosen Felsen voran. Ein Zittern nur, eine kurze Verkrampfung würden genü-gen, und erst der Braldo, Hunderte von Metern tiefer, würde ihn auffangen.

Drüben angekommen, lacht er uns aufmun-ternd zu. Aber er sieht nur in zwei unentschlos-sene Gesichter. Ulrike schüttelt stumm den Kopf. Schnell und geschickt klettert er zurück.

Durch ein prächtiges Felsentor oberhalb Askoles verlassen wir die bewohnte Welt.

»Shortcut« (Abkürzung), sagt er knapp und zuckt dazu mit den Schultern. Erleichtert atmen wir durch, gehen ein Stück zurück und sind dankbar für den »Normalweg«.

Wollte Ali Hassan seine Auftraggeber testen? In diesem Fall hätten wir eben gründlich versagt. Mir ist nicht wohl bei dem Gedanken, aber was hilft es, schließlich sind wir erst am Anfang und wollen auch wieder heil aus dieser Bergwildnis herauskommen. In ein paar Tagen wird es schon bessergehen, obgleich wir, gemessen an den Maßstäben in diesem Land, seinen Bewohnern immer hoffnungslos unterlegen bleiben werden.

Schneller als erwartet sind wir in Chongo (2.950 m). Als hätte sie etwas gutzumachen, war Ulrike die letzte Stunde wie ein Wiesel über die ausgesetzten Steiglein gelaufen. Auch bei mir schien ein Knoten geplatzt zu sein. Die tastende Ängstlichkeit des Morgens wich mit jedem Schritt und verwandelt sich in ausschreitende Kraft, Balance und Mut.

Der Flecken Chongo beginnt gleich hinter einem Seitental und wird nach vielleicht drei Kilometern flußaufwärts von einem Felssporn begrenzt, der sich bis zum Braldo vorschiebt. Terrassenförmig neigen sich die Felder auf eine düstere Wandflucht zu, die den ganzen Ort zu bedrohen scheint. Sonst unterscheidet sich das Dorf in nichts von den vorangegangenen: einige pfeilschlanke Pappeln, unebene, staubige Wege, übereinandergeschachtelte Lehmhütten mit wenigen, holzvergitterten Fensterchen. Das Hausdach bildet gleichzeitig den Vorhof der nächsten, darüberliegenden Behausung, rohe Holzleitern ersetzen die Treppen. Die Schläfrigkeit der Mittagsstunde liegt über dem Dorf, gleißend hell reflektieren Lehmwände die Sonnenstrahlen.

Ein paar Jungen begleiten uns johlend und aufdringlich ein Stück, staubige Hühner rennen erschrocken zur Seite. Bestimmt sind die Frauen jetzt auf den Feldern und viele der Männer mit Expeditionen unterwegs. In wenigen Wochen harter Trägerarbeit verdienen sie genug Geld für ein ganzes Jahr. Immer noch wird hier in den Kategorien der Jahreszeiten gelebt und gedacht – des Säens und Erntens und des nackten Überlebens, aber ganz autark sind die Bewohner nicht. Dinge wie Zucker, Salz, Tee usw. sind nur für Geld zu haben, und einen Gütertausch gibt es nicht. Überschüsse werden hier nicht erwirtschaftet.

Hinter dem Dorf, am Rande eines Feldes, strecken wir uns im Schatten hoher Pappeln und Platanen aus. Trotz der Strapazen fühlen wir uns frisch, vielleicht auch, weil die gefährlichste Stelle hinter uns liegt. Zunehmend zieht uns die Öde in ihren Bann, dieses ausgetrocknete Meer aus Steinen, in denen karge Bergdörfer wie Fruchtbarkeitsinseln schwimmen.

Ali Hassan hat Wasser geholt, ein Feuerchen entfacht und verwöhnt uns mit heißem Tee. Danach würde ich am liebsten sofort aufspringen und weiterziehen. Der Drang zu laufen, vorwärtszukommen, die Neugier auf diese Urlandschaft sind plötzlich ganz stark. Nach und nach treffen die anderen Träger ein, und bald zwei Stunden später die Freunde und Fida. Horst schwankt müde, er hat seinen Rhythmus noch nicht gefunden, Alexandra hat Nasenbluten.

Das nächste Dorf wäre heute noch leicht zu erreichen. Dennoch beschließen wir, hier zu lagern und erst morgen früh frisch und erholt weiterzuziehen.

Für den Nachmittag sind wir beim »Lambardar« eingeladen, Fida kommt als Dolmetscher mit. Er kennt den Dorfältesten schon lange und findet auf Anhieb sein Haus in der Dorfmitte. Es ist eine Spur sorgfältiger gebaut als die umstehenden, der Freisitz auf dem Flachdach sauber gefegt. Um einen niedrigen Holztisch sind grobgewebte Läufer ausgebreitet, dahinter thront ein rostiges Bettgestell neben ein paar Stühlen. Eine Weile stehen wir unschlüssig herum, bis der Lambardar die Bühne betritt. Sein Auftritt ist eher weltmännisch als würdig, und schnell bringt er die Begrüßungszeremonie hinter sich. Ein kleiner Junge bringt Tee und einen Stapel Tschapattis, dazu eine Schale hartgekochter Eier. Weiß und winzig kullern sie in der verbeulten Blechschüssel, fast wie Taubeneier. Er zeigt auf den Jungen: »My son« (Mein Sohn).

Ich hätte den Knirps auf höchstens acht geschätzt, den Vater dagegen auf mindestens 60 Jahre. Er sieht unser Erstaunen und schmunzelt:

Hinter Askole nur noch geschundene Täler im magnesiumhellen Licht.

»Ich habe drei Frauen.«

»Wie viele Kinder?«

Stolz fährt seine Hand hoch und spreizt alle Finger.

»Fünf.«

Erst auf Nachfragen bringen wir heraus, daß er auch noch drei Mädchen hat – sie zählen aber bei den muselmanischen Balti nicht. Bestimmt tun wir ihm leid: Wir haben überhaupt keine Söhne.

»Allah war letztes Jahr unserem Dorf nicht gnädig. Drei Männer sind von Expeditionen nicht zurückgekommen.«

Er macht eine schräge Handbewegung über den Hals.

»Das war schlimm, denn wir sind ein kleines Dorf, nur fünfundzwanzig Familien. Ihr paßt gut auf eure Männer auf, Tike? Die Wege sind gefährlich da oben, aber Allah wird euch beschützen.«

Dann steht er auf, nimmt die Hände der Fremden in seine eigenen und drückt sie wie die von vertrauten Freunden.

Es ist bereits später Nachmittag, als wir zu unserem Lager zurückschlendern. Blauer Rauch steigt aus den Häusern. Der Himmel hat sich bezogen, und Wind rauscht in den Pappeln. Inzwischen sind die Frauen von den Feldern heimgekehrt: schwatzend hocken sie vor ihren Häusern, verschwinden aber sofort, sobald wir zu ihnen hinsehen – huschend, raschelnd, schmutzig. Ihre langen, farbenfrohen Gewänder, reich bestickten Kopfbedeckungen und schweren Messingketten um den Hals stehen in augenfälligem Kontrast zu den lieblosen Hütten, die sie mit ihren Tieren teilen. Genügsam wie die Menschen sind auch die mageren Ziegen und Schafe. Hin und wieder sehe ich ein Dzos, eine Kreuzung aus Yak und Rind.

Jeder Fehltritt würde hier unweigerlich zum Absturz führen.

Hätten wir doch für die Nacht das Zelt aufgebaut – es würde uns jetzt vor dem Wind schützen. So treibt er uns in heftigen Böen den Staub der Erde ins Gesicht und drückt auf die Ohren. Ulrike neben mir wälzt sich ruhelos im Schlafsack. In kurzen Abständen schält sie sich heraus und verschwindet leise schimpfend im Dunkeln. Das hier Unvermeidliche hat jetzt auch sie erwischt.

31. Juli
Ulrike hatte, wie sie am Morgen erzählt, die schlechteste Nacht ihres Lebens. Auch jetzt kann sie nichts bei sich behalten, so sehr rebelliert der Magen. Dazu gesellt sich noch hämmernder Kopfschmerz.

Und Alexandras Nasenbluten fängt wieder an, kaum daß wir aufgebrochen sind. Ich mache mir Sorgen um sie; wir sind noch nicht hoch – wie wird es ihr in 5.000 Metern Höhe ergehen?

So geschwächt, zieht unser Häuflein das Tal hinauf. Doch die Aussicht auf eine kurze Etappe macht allen Mut – bis zur nächsten, dann zur letzten Ortschaft sind es nur wenige Stunden. Einige Seitenbäche des Braldo sind zu queren, die tiefe Schluchten in die bröckligen Bergflanken gegraben haben. Steil geht es auf schwarzem, glitschigem Schutt hinunter, durch den eiskalten Bach, drüben genauso steil wieder hinauf, und nach wenigen hundert Metern das Ganze von vorn.

Langsamer Abschied von den Annehmlichkeiten des Lebens: das letzte »Wannenbad« für viele Wochen. Keine Expedition geht achtlos vorbei an dem schlüpfrigen Loch im Felsen, etwas abseits vom Weg. Eine heiße Schwefelquelle speist diese Sitzwanne unter freiem Himmel, und es riecht, als sei der Teufel vorbeigegangen. Fida ist mit den Trägern schon weitergezogen und überläßt uns dem Badevergnügen.

Hinter einer Wegbiegung taucht er vor uns auf: der letzte bewohnte Flecken unterhalb des K 2, das Dorf Askole (3.048 m). Es ist ein Name, der Klang hat, fast ein magischer Name, vor allem für den aus den Bergen Rückkehrenden. Das Tal öffnet sich, wird freundlicher, fast wie ein Westalpental. Knorrige Walnuß-, Aprikosen- und Maulbeerbäume, Weiden und Pappeln beschatten den Weg. Smaragdgrüne Gerstenkeimlinge sprießen auf den Feldern, wo einzelne Frauen tiefgebückt jäten, wie begraben unter ihren dunklen Kleidern. Ich kann mir den acht Monate währenden, bitterkalten Winter jetzt nur schwer vorstellen, aber hier, an der Siedlungsgrenze, sind die Vegetationszeiten kurz, die Ernten gering, anders als in Nepal, wo Felder noch weit höher hinauf bewirtschaftet werden.

Askole ist der letzte Vorposten menschlicher Existenz, und ganz so sieht es hier auch aus. Die doppelstöckigen Hütten nach tibetischem Muster beherbergen unten das Vieh, die davon aufsteigende Wärme hält die Menschen oben am Leben. Stabiles Baumaterial ist rar. Die bröckeligen Wände sind aus Holz, Steinen und Lehm außerordentlich roh gefügt, irgendwelchen Zierat gibt es nirgends. Die Dächer bestehen aus Erde, an den Rändern liegen dornige Reisigbüschel. Schornsteine gibt es nicht. Holz

Granitburgen jenseits des Baltoro, gesehen von Urdukas: links Biako-Gruppe, Mitte 1. Kathedrale, rechts anschließend Trango-Gruppe.

ist knapp. Geheizt wird deshalb mit Dzosmist, und die stickige Wärme muß möglichst lange im Haus gehalten werden. In den verqualmten Wohnkammern atmen die Menschen während des Winters, besonders die Frauen an den Herden, Rauch und Dunst ein. Viele leiden an Schwindsucht.

Wir lagern auf einem halbwegs schattigen Platz am bergseitigen Dorfrand. Er ist nicht groß, aber eben und gut ausreichend für drei Zelte und die Feuerstelle. Einige Träger sind gleich, nachdem sie ihre Lasten abgesetzt haben, verschwunden, um sich bei Verwandten einzuquartieren. Fida ist auch wieder unterwegs, um noch fünf zusätzliche Träger anzuwerben. Ali Hassan formt Tschapattis aus, Ulrike schläft im Zelt, Horst sortiert zum soundsovielten Male seine Sachen – so geht die Zeit hin.

Unsere Ankunft hat sich im Ort herumgesprochen. Der Dorfpolizist kommt vorbeigeschlendert, prüft freundlich und beiläufig unsere Permits. Wahrscheinlich ist er einer der wenigen hier, die lesen können. Askole besitzt eine Schule, doch wird sie nur von wenigen Schülern besucht. Die Eltern schicken ihre Kinder lieber zur Arbeit aufs Feld. Ich kann mir nicht vorstellen, daß dieses unsagbar karge Leben den Menschen Zeit und Raum läßt, über sich und ihre Zukunft nachzudenken. Ob sie hier so etwas wie »Glück« kennen?

Die Jungen, die uns jetzt umlagern und jede Bewegung verfolgen, rühren mich mit ihren seltsam faltigen Wangen in den kleinen Gesichtern. Die Augen sind ohne Glanz, wie in ständiger Trauer. Schmutz klebt auf der Haut, Haarbüschel stehen wie Stroh. Die Kleidung ist verbraucht, oft nur noch unförmige Lumpen; die nackten Füße haben Sohlen wie Leder.

So abgehärtet diese Wesen sind: In dieser harten Natur wirken sie zerbrechlich. Jedes Jahr

49

werden den 300 Bewohnern Askoles etwa 25 Nachkommen geboren, doch 4 von 5 Kleinkindern sterben bald. Die durchschnittliche Lebenserwartung liegt bei 40 Jahren.

Seit gestern sind wir dabei, uns die Namen aller Träger einzupauken. Uns schwirrt der Kopf ob der Jaffars, Karims, Matmat Alis, Sher Alis, Ros Alis und wie sie alle heißen. Elke hat eine Liste gemacht und zu jedem Namen irgendein charakteristisches Erkennungsmerkmal notiert. Gleichzeitig lernen wir sie immer besser kennen, und die anfangs fremde Gruppe löst sich allmählich auf in einzelne, höchst unterschiedliche Persönlichkeiten.

Karim ist ein bulliger, untersetzter Mann, dessen Äußeres selbst für hiesige Maßstäbe abstoßend wirkt. Er starrt vor Schmutz, seine Beinkleider sind ebenso breit wie lang und enden irgendwo an den Waden. Wie Kähne dann die gewaltigen, klaffenden Gummischuhe, natürlich ohne Schnürsenkel. Jetzt sind die Füße wund, Horst soll sie behandeln. Zögernd, als schäme er sich, steigt Karim aus den Galoschen. Die Füße starren vor schon eingefressenem Schmutz, einer schuppenartigen Kruste, als wären sie noch nie mit Wasser in Berührung gekommen. Andere Träger kommen herbei und lachen. Horst wendet sich ab:

»Wasch dir erst die Füße.«

Mit gesenktem Kopf zieht Karim davon, die Träger johlen. Der arme Kerl! Ich hatte von Anfang an das Gefühl, daß er hier das Schlußlicht bildet, aber jetzt ist er wohl restlos untendurch.

Nach der Behandlung einer eitrigen Wunde streift ihm Horst neue Tennissocken über. Fassungslos wie ein Kind starrt er auf seine plötzlich schneeweißen Füße. Bereitwillig plündern wir unsere Vorräte und versorgen jetzt alle Träger mit Socken. Doch in wenigen Tagen schon werden sie achtlos weggeworfen sein, und alles wird sein, wie es war.

Ulrike kommt aus dem Zelt gekrochen und setzt sich gleich zu Ali Hassan. Er kommt kaum nach mit Tschapattibacken, so dankbar verschlingt sie seine Gaben. Inzwischen ist uns das Wasser abgestellt worden. Der Graben neben unserem Lager, der eben noch Wasser führte, ist jetzt trocken. Immer nur stundenweise, nach genau festgelegtem Plan wird Wasser auf den Feldern verteilt, wozu die Rinnen mit Steinen abgesperrt werden.

Die Träger fordern Horst und mich zum Tauziehen heraus, Mann gegen Mann. Sie schicken die stärksten Männer vor, aber wir lassen uns nicht lumpen und erzielen ein achtbares Unentschieden. Ohne aufdringlich zu sein, versuchen die Träger auf ihre Weise, die Distanz zu den »sahibs« zu verringern. Ich bin froh darüber, daß sie unsere ehrliche Freundlichkeit annehmen und herzlich erwidern. Keinerlei muselmanische Geringschätzung ist zu spüren, obgleich wir zahlenmäßig ja eher ein Frauenteam sind.

Fida kommt mit guter Nachricht: Fünf zusätzliche Träger hat er aufgetrieben, und zusätzliche Nahrung können wir auch kaufen – wir sollen gleich mitkommen.

Hadschi Jaffar ist »Lambardar« und gleichzeitig der reichste Mann in Askole. Rückkehrenden Expeditionen, die häufig froh sind, ihren Ballast zu verringern, nimmt er überschüssige Nahrung ab und verkauft sie gewinnbringend den Hinaufziehenden. Dieser Umschlagplatz ist für Gruppen wie unsere schon fest einkalkuliert.

Vom Lehmdach seines Hauses steigen wir durch ein viereckiges Loch im Fußboden hinab in seine Wohnkammer. Die Augen brauchen eine Weile, um sich an den trüben Dämmer zu gewöhnen. Der Raum ist karg: niedrige, rußige Wände, Tisch, Stühle, an der Wand eine Bank. Hinter zwei schwarzen Vorhängen verbergen sich wohl noch Nebengemächer.

Hadschi Jaffar erinnert in nichts an einen Patriarchen. Er ist ein eher kleiner Mann mit kraftlosem, servilem Gesicht und unruhigen Augen, als laure er ständig nach irgendeinem Vorteil. Der schwarze Vorhang schiebt sich einen Spalt weit zur Seite, und eine schlanke, rußgeschwärzte Frauenhand hält einen Topf mit Eiern in den Raum. Kurz darauf erscheint sie wieder, diesmal mit einer Schale Tschapattis. Der Dorfälteste wartet das Ende des Gastmahls nicht ab. Er verschwindet im Nebengelaß und kommt mit ein paar Konservendosen zurück. Horsts Augen funkeln, als er eine Büchse Corned Beef wie einen Schatz in den Händen dreht.

»How much?« (Wieviel?)

»Forty Rupees« (Vierzig Rupien).

Der Kerl ist ein Halsabschneider, er läßt nicht einmal mit sich handeln. Wozu auch, er hat hier das Monopol und schon genug Fremde erlebt, die nach Monaten in den Bergen ihm vor die Hütte taumelten und kleine Vermögen daließen, nur um keine Tschapattis mehr essen zu müssen.

»More?« (Noch mehr?)

Er hat noch. Und K 2-Zigaretten, einfache Sorte, für die Träger. Und noch Mehl, auch einfache Sorte, für uns, für viele schöne Tschapattis...

1. August

Obwohl die Lasten wegen der zusätzlichen Träger neu verteilt werden müssen, geht unser Aufbruch zügig vonstatten. Es ist erst dreiviertel fünf und die Luft noch wunderbar klar und frisch, als wir die letzten Häuser hinter uns lassen. Unser Häuflein ist auf eine stattliche Kolonne angewachsen – fünfzehn Träger mit schnellem, sicherem Schritt bilden einen leichtfüßigen Bandwurm.

Entweder ist es schieres Glück oder Fida hat einfach ein gutes Händchen bei der Auswahl der Träger. Zupackend und umsichtig haben die »Neuen« gleich beim Lagerabbau geholfen, ohne erst auf Anweisungen zu warten. Das Verteilen der Lasten geschah ohne Proteste. Besonders ein junger Mann von vielleicht fünfundzwanzig Jahren fällt mir auf: Groß und kräftig die Gestalt, streng das ebenmäßige Gesicht mit einer beherrschenden Nase, stolz die Haltung. Wären nicht die warmen Augen und seine tiefe, klangvolle Stimme, könnte er leicht unnahbare Autorität ausstrahlen, so aber wirkt er gewinnend, wenngleich würdevoll. Wir nennen ihn für uns »Jaffar from Askole«, um ihn von einem sowohl faulen als auch besonders charmanten Träger gleichen Namens zu unterscheiden.

Knapp außerhalb des Dorfes zeigt uns Fida den früheren Poloplatz, jetzt nur noch eine bucklige, leidlich grüne Fläche, die mit Felstrümmern übersät ist und als Weide dient.

Die Bewohner Askoles mit irgendeiner Art von Kultur oder Vergnügen in Verbindung zu bringen, will mir nicht gelingen. Und dann

erzählt Fida aus Baltistans Geschichte, wahrscheinlich so, wie sie seit Generationen weitergegeben wird:

Tatsächlich gab es hier vor rund 400 Jahren einmal eine kurze Zeit kultureller Blüte, als der Herrscher Ali Sher Khan seine Macht über alle umliegenden Königreiche ausdehnen konnte, von Chitral bis Ladakh. Zehn Jahre lang hielt ihn ein Kriegszug von zu Hause fern. In dieser Zeit ließ seine Frau, eine Mogul-Prinzessin, Musiker, Künstler und Baumeister aus Delhi ins Land kommen. Parkanlagen und Marmorbrunnen entstanden, eine Paßstraße bis hinauf zur Festung von Karpochu und ein Bewässerungssystem durch das Skardu-Tal wurden angelegt. Doch Dank erhielt Königin Mendole nicht dafür. Fast wäre sie gehenkt worden, weil sie, wie Ali Sher Khan es sah, den Feinden eine Straße zur Festung gebaut hatte. Sie starb bald darauf, und Baltistan fiel wieder ins kulturelle Nichts, in dem es sich auch heute noch befindet.

Ein hohes, schmales Felsentor aus leuchtendgelbem Sandstein begrenzt das alte Polofeld und gleichzeitig das besiedelte Gebiet. Ab hier beginnt das Reich der endlosen Gletscher, der Schneeleoparden, die den sibirischen Steinbock jagen, das Reich der Wildschafe und der Braunbären.

Die Kühle des Morgens, der bequeme Pfad, das geschwungene Tal sind schierer Genuß. Selbst der Braldo gibt sich gezähmt. Träge schiebt er kleine braune Wellen um blendendweiße Sandbänke herum, als wüßte er mit seinem breiten Bett zwischen den Steilufern im Augenblick nichts anzufangen. Mal führt der Weg hinunter durch den Ufersand, dann zieht er wieder in die Felshänge hinauf. Immer beherrschender baut sich vor uns das schlanke Horn des Mango Gusar auf, der ersten bizarren Berggestalt dieser Gegend, die uns sogleich in ihren Bann schlägt. Die Sonne hat die verschneite Spitze erfaßt und läßt sie leuchten. Ganz fern singt der Wind an Graten und Gipfeln.

Wie ein schwarzes Ungetüm schiebt sich eine Gletscherzunge aus einem Einschnitt zu unserer Linken hinunter auf den Talboden. Nachdem er sechzig lange Kilometer vom Hispar-

Gemeinsamkeit macht stark beim Durchqueren reißenden Schmelzwassers.

Paß (5.150 m) aus als riesiger Hobel durchs Gebirge gefahren ist, endet der Biafo-Gletscher hier wenig spektakulär in der Gluthitze – ein unansehnliches Hindernis auf unserem Weg. Obgleich in diesem Jahr einige Expeditionen den Gletscher schon überquert haben, kostet es uns doch Mühe, einen gangbaren Weg zu finden. Tagtäglich ändert er sein Aussehen, selten finden wir noch Reste von Steigspuren, die dann irgendwo im Gewirr der Krater, Spalten und Grate enden. Auch den in bester Absicht hinterlassenen Steinmännchen ist nicht immer zu trauen. Wo vielleicht vor Tagen noch ein bequemer Übergang war, gähnt jetzt hinter dem Kamm unvermutet ein tiefer Abgrund. Schwarzer Schutt rutscht tückisch auf schwarzem Eis, und wir sind heilfroh, als die Füße wieder festen Boden spüren und einem einsam stehenden Felsblock, dem Lagerplatz Korofon,

zustreben. Ohne daß dort je eine Menschenseele gelebt hätte, tragen einige solcher Plätze klangvolle Namen, als seien es Dörfer.

Ali Hassan ist mit Jaffar vorausgeeilt und hat im Schatten einiger hoher Büsche die Kochstelle hergerichtet. Horst fingert eine unserer mitgebrachten Brotkonserven nebst einem Marmeladenglas aus den Tiefen seines Seesackes, und bis auf Ulrike genießen wir in vollen Zügen den tschapattifreien Lunch.

Wir rasten lange und wohlig, nichts lockt uns aus dem Schatten. Zum ersten Mal vielleicht ist die Pause nicht nur notwendige Erholung, sondern einfach Freude am Hiersein, am Verweilen. Wir sind jetzt akklimatisiert, die Sinne sind bereit, aufzunehmen, und nicht mehr überfordert wie in den ersten Tagen.

Danach hat uns die Gluthitze wieder – sie scheint mir immer unerträglicher, je höher wir steigen. Sie kriecht aus jedem Stein, sie strahlt aus den von der Sonne gebackenen Hängen, und die Erde kennt keinen Schatten mehr. Wie mit Fäusten schlägt die Sonne in die geschundenen Täler – »eine verzweifelte Landschaft«, wie es der britische Forscher und Bergsteiger Charles Bruce ausdrückte.

In immer kürzeren Abständen gönnen sich die Träger kleine Verschnaufpausen. Jeder hüfthohe Felsen wird genutzt, die Last rücklings abzusetzen und die Schultern zu entlasten, den schweißnassen Rücken zu lüften.

Der abgedroschene Begriff der »kompromißlosen Landschaft« wird hier Realität. Zwischentöne gibt es nicht, immer nur »entweder – oder«. Beim Durchwaten der Flüsse sterben die Füße im Eiswasser, während die Luft in der safrangelben Hitze wabert. Steine scheinen in der erbarmungslosen Sonne zu glühen, und gleichzeitig kriechen Gletscher zu Tal, wachsen Schneeberge in den Himmel. Gegen ein Uhr am Nachmittag stehen wir an der »Brücke« von Joila, am Ufer des reißenden Dumordo-Flusses. Jetzt ist uns die Prozedur schon vertraut, und deshalb gerät die Überquerung mit der Rolle am Seil zum Spaß für alle, wenngleich doch jede Fuhre, gleichgültig ob Mann oder Proviant, mit Spannung verfolgt wird. Ich muß an die französische Expedition denken, die hier vor einigen Jahren lagerte. Sie benötigte drei Tage, um ihre eintausendfünfhundert Träger hinüberzubringen!

Wie aus dem Boden gewachsen, steht plötzlich der »Brückenmann« neben uns. Alles an ihm ist schwarz, wie verbrannt – Kleidung, Hände, Gesicht. Aus einem völlig verkohlten Wasserkessel verteilt er kräftig gesüßten, heißen Milchtee. Wenige Schlucke nur, und wir fühlen uns wunderbar belebt. Wie dankbar bin ich diesem knorrigen Mann für seine hier selbstverständliche Gastfreundschaft!

Es ist noch früh am Nachmittag, als wir unseren vorgesehenen Lagerplatz erreichen, einen grasbestandenen Flecken, der von einem munteren Bach mit herrlichstem frischen Wasser durchflossen wird. Nach dem Bad entläßt uns das eiskalte Schmelzwasser rot wie Krebse, und mit frischgewaschenen Haaren sitzen wir alle da wie eine adrette Ausflugsgesellschaft beim Picknick. Fida sieht ohne seine Rollmütze aus

Als Schutz vor der gletscherkalten Nacht am Concordia genügt den Trägern ein loser Steinwall.

wie ein Schreibstubenbeamter in britischen Diensten, und auch die Träger erscheinen barhäuptig mit einem Mal weniger fremd.

Mit Hingabe wäscht Fida sein himmelblaues Gewand und zeigt mißbilligend auf Ulrikes verschwitztes T-Shirt. Ob sie weiter so herumlaufen wolle? Widerstand ist zwecklos, und bald darauf hat sich die Wiese in ein buntes Patchwork frischgewaschener Kleidungsstücke verwandelt.

Ein Offizier bleibt sich eben treu – ein bißchen Kommandieren ab und zu, das hält fit. Im übrigen tut er mir manchmal leid. Weder fühlt er sich den Trägern zugehörig noch uns, und so sitzt er oft, wenn wir einmal nicht darauf achten, irgendwo abseits, allein auf einem Stein. Die Träger harmonieren so gut miteinander, daß seine Anwesenheit überflüssig erscheint. Doch wirkt er fast unmerklich als graue Eminenz aus dem Hintergrund. Seine wichtigste Aufgabe, das Zusammenstellen dieses Teams, hat er ohnehin hervorragend gelöst.

Ali Hassan hat beim Tschapattibacken Gesellschaft bekommen. Ulrike als essender Schaufelbagger wollte nicht länger abseits stehen, und so mischen sich in den gekonnt

Mit dem Nebel verfliegt auch die düstere Stimmung der letzten Tage.

schnellen Klatschtakt die Synkopen der Anfängerin. Ich mache mir Sorgen um den Träger Hussein, der in Askole dazukam. Er klagte von Anfang an über Zahnschmerzen, die sich offenbar verschlimmern, wenn ich ihn richtig verstehe. Horst gibt ihm zwei Aspirintabletten, mehr können wir im Augenblick nicht für ihn tun.

Rosafarbene Abendwölkchen schweben ruhig am Mango Gusar vorbei, als aus der Tiefe des dämmrigen Tals unvermittelt ein dumpfes Brausen heraufdringt. Eine graue Walze rollt in unserer Richtung den Hang herauf, unheimlich, bedrohlich. Ehe wir reagieren können, hat uns der Staubsturm erreicht, massiert mit nadelfeinen Stichen Arme und Beine, drückt Sand in Augen und Ohren. So schnell wie er gekommen ist, ist er auch wieder vorbei. Der

Wirbel kriecht noch ein Stück den Hang hinauf und löst sich dann in Nichts auf. Letzte goldene Sonnenstrahlen glitzern in der staubigen Luft, dann wird es sehr schnell Nacht.

2. August

Kühler Dämmer hängt noch über dem Tal, als wir aufbrechen. Alle Sterne sind verblaßt, nächtliches Dunkel geht eben in Violett über. Die Talsohle hat hier nur wenig Gefälle und dementsprechend ist das Flußbett sehr breit. Der helle Ufersand ist mit oval geschliffenen, herrlich gemusterten Kieseln aller Größe übersät. Wir springen über »Taubeneier«, »Hühnereier«, »Straußeneier« – eine Buckelherde bis zur Talbiegung weit voraus. Die warmen Strahlen der Morgensonne lösen einen zerschlissenen Vorhang von Federwölkchen auf und machen sich dann auf dem Gipfel des Mango Gusar breit.

Mit dem Erreichen der Talbiegung endet auch unsere Deckung vor der Sonne. Klar und hart steht sie genau in Marschrichtung, das Licht schmerzt. Wie ein zerfetztes Band flattert der Pfad das Tal hinauf, taucht auf und verschwindet wieder, taucht wieder auf, an ganz unvermuteter Stelle. Ich genieße es, wenn er über die Blöcke am Rande des Braldo dahinzieht und dessen Kühle zu mir aufsteigt. Sie verliert sich schon nach wenigen Metern an den Bergflanken, wo das Steiglein oft aberwitzig steil hinaufführt.

Die senkrechten Strahlen der Mittagssonne lassen die Konturen der Hänge, ihre Furchen und Rinnen verschwinden, als wichen sie zurück. Gleichzeitig sorgt das gleißende Licht in der klaren, dunstfreien Luft der Wüste für eine irritierende Überschärfe, die Entfernungen aufhebt. Mir scheint es jetzt, als sei ich nicht im Karakorum, sondern auf einer Bühne, umgeben von Kulissen aus Pappmaché, einer Potemkinschen Berglandschaft.

Leichtfüßig, fast im Dauerlauf, begegnen uns rückkehrende Träger der japanischen Großexpedition, die noch am K 2 lagert. Sie sind froh darüber, in wenigen Tagen wieder in ihren Dörfern bei ihren Familien zu sein. Der Schwatz mit unseren Trägern hält sie nicht lange auf, und sie springen mit ihren leichten Bündeln weiter ins Tal hinaus.

Die Ausdauer und gleichzeitige Bedürfnislosigkeit dieser Männer bewundere ich mit jedem Tag mehr. Bestimmt könnten sie sich mit trainierten Langstreckenläufern messen – und vor allem: Sie können mehr tragen, als sie im Lauf der Zeit verbrauchen! Auf dieser simplen Grundformel der Logistik bauen alle Expeditionen auf. Es hat schon wahrhaft kühne und alpinistisch glanzvolle Taten im Baltoro-Gebiet gegeben, aber noch niemand war in der Lage, sein Zeug selbst bis ans Ende der Welt und auch wieder zurückzuschleppen. Dabei sind die Gestalten unter den Lasten oft schmächtig, mit dünnen Armen und Beinen, ohne ein Gramm Fett. Sie bestehen nur aus Muskeln, Sehnen, Haut und Knochen, wodurch sie den Strapazen gewachsen sind.

Unvermutet stellt sich ein ernsthaftes Hindernis in den Weg. Durch die Narben der Bergflanken hindurch stürzt ein Seitenbach zu Tal und hat in dem Moränenschutt ein tiefes Bett ausgeschürft. Der Tag war heiß, und das Schmelzwasser von den Gletschern hat fast seinen Höchststand erreicht. Ratlos laufen wir am Ufer auf und ab und suchen nach einem möglichen Übergang – vergeblich.

Warten können wir auch nicht, das Wasser wird eher noch steigen. Also durch! Vorsichtig, mich mit dem Stock gegen die Strömung abstützend, taste ich hinein in tiefe Strudel. Das lehmige Wasser gurgelt und rauscht, Steine poltern dumpf gegen die schon gefühllosen Füße. Das Wasser steigt noch bis zur Hüfte, und ich brauche alle Kraft, der Wucht zu widerstehen. Aber fünf, sechs entschlossene Schritte, dann bin ich durch, das Wasser wird flacher. Für die Träger mit ihren Lasten ist die Gefahr, die Balance zu verlieren und umgerissen zu werden, noch größer. Zu zweit, zu dritt stützen sie sich gegenseitig. Immer ist der kräftige Sher Ali dabei. Kaum hat er einen Kameraden ans Ufer gebracht, ist er auch schon wieder drin in der eiskalten, brodelnden Flut und hält Lasten und Männer im Gleichgewicht.

Der Baltoro-Gletscher – endloses Schuttmeer und leuchtende Eistürme.

Bald wird das Flußtal des Braldo zu Ende sein. In der Ferne sehen wir schon den Beginn des Baltoro-Gletschers, eingerahmt von einem Kranz spitzer Berge.

Wieder führt das Steiglein die Bergflanken hoch hinauf, kriecht an senkrecht abfallenden Felswänden entlang. Die Füße finden Halt auf daumenbreiten Simsen, die Hände krallen sich suchend in Griffmulden und an Vorsprünge. Jedes Ausrutschen, jeder Fehltritt würde unweigerlich zum Absturz führen. Mir klopft das Herz bis zum Hals, als ich mit den Augen die Träger verfolge. Wie Schnecken mit sperrigen Häusern auf dem Rücken schieben sie sich seitwärts über die Felsen. Sie sind äußerst konzentriert, doch ich sehe auch Angst in den meisten Gesichtern. Erleichtert atmen wir durch, als auch Hussein als letzter wieder sicheren Boden unter den Füßen hat. Er quält sich heute sichtlich mit seinen Zahnschmerzen, auch Aspirin hilft ihm kaum noch. Ein kurzes, leichtes Wegstück noch, halbhoch über dem Tal, und das Lager Paju ist erreicht.

Alle sind wir müde, freuen uns aber an dem schönen Platz, dem mit Abstand schönsten bisher. Grasbüschel, wilde Rosen und geduckte Wacholdersträucher bedecken den Boden, dazu einige Weiden. Sie bilden ein winziges Wäldchen und stehen so dicht, daß sich ihre Kronen durchdringen. Zwei Quellen geben zwar nur spärlich Wasser, aber dafür ist es frisch und klar – selten genug in dieser Steinwüste. Während der beiden letzten Tage haben wir kaum eine Spur von Vegetation gesehen.

Paju liegt unmittelbar unter einem bizarren Felsberg (6.599 m) gleichen Namens, dessen schlanker Granitgipfel terrassenförmig mit Schnee bedeckt ist. Die Granitburgen setzen sich auf unserer Talseite fort und flankieren dornenspitz den Baltoro-Gletscher. Das Lager liegt hoch genug, daß wir ein gutes Stück über den schuttbedeckten Eisstrom blicken können. Grau und stumpf liegt er da, eingezwängt in steilflankige Bergketten.

Während der letzten Stunde hat sich der Himmel verdüstert. Alle Farben sind erloschen – ab hier beginnt eine andere Welt.

Im Tal ist es bereits dunkel, als eine Gruppe mit ihren Trägern am Lagerplatz eintrifft. Es sind fünf Amerikaner, die geschlagen vom

Hidden Peak (8.068 m) zurückkommen. Dauernder Neuschnee hatte alle Besteigungsversuche vereitelt. Ausgelaugt und enttäuscht haben sie nur noch den Wunsch, diese Berge möglichst schnell hinter sich zu lassen. Es ist fast ein Wunder: Sie haben einen Zahnarzt dabei! Bob ist zwar noch Student, aber immerhin. Ich hole Hussein, der leise wimmernd beim Tschapattibacken zusieht.

Bob leuchtet ihm in den Mund und verzieht bedenklich das Gesicht.

»Er muß furchtbare Schmerzen haben. Die beiden Backenzähne – restlos hin. Ich werde sie ziehen, obwohl sie entzündet sind. Mehr kann ich hier nicht für ihn tun.«

Hussein legt sich in den Staub, Bob kniet sich über ihn. Ein Träger hält die Taschenlampe, andere schauen zu. Bob zieht die Zähne kurz hintereinander, ohne Betäubung. Hussein laufen Tränen über die Wangen, aber er schreit nicht einmal. Als Bob die Tortur beendet hat, streicht er seinem Patienten mitfühlend über den Kopf:

»Brave guy, brave.« (Tapferer Junge, sehr tapfer!)

3. August

Über Nacht hat sich das Wetter weiter verschlechtert. Schwere Wolken hängen über dem Tal und verhüllen die Gipfel, jederzeit kann es anfangen zu regnen. Die Träger schnüren ihre Lasten heute sorgfältiger als sonst, als wollten sie den Aufbruch noch hinausschieben. Sie haben Angst vor dem, was jetzt kommt. Sie wissen, daß nur Eis und Steine sie erwarten.

Anfangs ist der Weg leicht, und wir brauchen nur eine Stunde bis zur Stirnmoräne des Baltoro. Düster und bedrohlich ragt er jetzt vor uns auf, viel höher, als ich geglaubt hatte. Aus einer kuppelförmigen, schwarzen Eishöhle bricht ein kräftiger Strom ans Tageslicht, zerläuft aber schon bald zu einem Geflecht mäandernder Rinnsale in dem kilometerbreiten Flußbett.

Für die Träger ist der Aufstieg über die schuttbedeckten, steilen Eisflanken äußerst mühsam. Zwei Schritte hoch, einen zurück – immer wie-

Mekka der Trekker: Concordiaplatz mit K2.

der rollen Steine unter ihren Füßen weg und fällt einer hin. Als das Plateau erreicht ist, legen sie ihre Lasten ab und stellen sich im Halbkreis auf. Mit erhobenen Händen rufen sie Allah an, er möge ihnen auf dem Gletscher beistehen. Für einen Augenblick scheint es mir, als würde der Gesang das ganze weite Tal ausfüllen und sich an den Felsbergen brechen. Der Ernst in ihren Gesichtern zeigt, wie gefährlich der Weg sein muß, der vor uns liegt. Fast zwei Wochen werden wir auf dem Gletscher leben und dabei einhundertvierzig Kilometer Spaltengewirr hinter uns bringen.

Bis zum nächsten Lagerplatz in knapp 4.000 Metern Höhe sind es nur ein paar Stunden. In weitem Bogen queren wir den Baltoro von der orographisch rechten Talseite aus. Die Augen saugen sich am Boden fest, prüfen den wackligen Gesteinsschutt immer ein, zwei Schritte im voraus. Manchmal glaube ich, einen Pfad im Geröll zu erkennen, eine regellose Linie auf einem endlosen Ozean grauer und schwarzer Steine. Sie scheinen nur ein wenig flacher zu liegen als unmittelbar daneben und brechen das Licht um eine Nuance heller.

Wir laufen langgezogene Moränenrücken hinauf und Mulden hinunter, immer wieder. Ich denke an ein Meer, das mir andauernd neue Brandungswellen entgegenwirft und mich ermüdet. Dabei vergesse ich, daß ich mich auf einem hunderte von Metern dicken Eisstrom bewege, denn ich sehe nur Schutt, Steine, Wasserlöcher, Gräben – eine öde, lebensfeindliche Wüste. Wie werden wir uns auf dem Rückweg auf Askole freuen!

Früher als gedacht sind wir in Liligo auf der linken Talseite. Nach dem traumhaft schönen Paju ist dieser Lagerplatz ein Schock: Es stinkt buchstäblich zum Himmel, und Abertausende von hartnäckigen Fliegen müssen davon Wind bekommen haben. Ein Teil der japanischen Großexpedition vom K 2 hat sich hier platzgreifend eingerichtet und betrachtet unser armse-

Mit seiner massigen Gestalt ein Außenseiter im Inneren Karakorum: Broad Peak.

Die »Wächter des Baltoro« – fern und unwirklich im ersten Morgenlicht.

liges Häuflein Bergwanderer nicht gerade freundlich. Ich dränge Fida weiterzuziehen, aber es gibt offenbar keinen anderen brauchbaren Lagerplatz bis hinauf nach Urdukas, und das ist eine ganze Tagesetappe.

Nach einigem Suchen finden wir auf dem Felsplateau gerade noch genug Platz für unsere Zelte. Kaum sind sie aufgebaut, setzt Regen in großen, schweren Tropfen ein. Die Träger bauen sich aus Plastikplanen einen Unterstand und beginnen zu kochen. Wir kriechen in die Zelte, schlafen und dösen. Die aufgezwungene Ruhe macht mich nervös. Alle Gedanken sind unmittelbar auf das Weiterkommen ausgerichtet. Damit waren die letzten Tage befriedigend ausgefüllt gewesen. Jetzt aber kleben wir hier an einem stinkenden Platz und haben wegen der tiefhängenden Wolken nicht einmal Sicht auf die spektakulären Berggestalten.

In einer Regenpause klettern wir einen Hang hinunter zur Seitenwand des Gletschers, um uns die Zeit zu vertreiben. Ringsum Chaos,

eine Landschaft im Urzustand: wild, lebensfeindlich, unbeugsam. Wir waschen uns und dazu ein paar Sachen in einem Bach, der fünfzig Meter talauf unter dem Eis hervorschießt. Horsts Rücken ist knallrot – durch das Hemd hindurch hat ihn die Sonne verbrannt. In dieser ungemütlichen und kalten Umgebung fordert die Körperpflege doch ein gehöriges Maß an Überwindung. Diese Landschaft von elementarer Wildheit schließt den Menschen eigentlich immer aus. Er ist unwichtig für den Fortgang der Dinge hier, nicht einmal Teil davon.

Wir schauen uns ungläubig an, als vom Lagerplatz plötzlich Motorengeräusch herunterweht. Neugierig klettern wir zurück – und trauen unseren Augen nicht: Die Japaner haben einen Dieselgenerator angeworfen, sitzen im Mannschaftszelt und sehen sich mit stoischer Ruhe Videofilme von ihrer eigenen Expedition an.

4. August
Am Morgen werden wir Zeuge des Aufbruchs der Japaner, die ihre Träger vorausschicken. Der Kommandant steht da, klein und straff mit flinken Augen, neben ihm sein Adjutant, mindestens genauso straff. Auf kurzen Pfiff seiner Trillerpfeife haben die Träger jeweils einzeln anzutreten, eine bestimmte, vorbereitete Last vom Boden aufzunehmen und sich auf abermaligen Pfiff dem talauswärts ziehenden Bandwurm anzuschließen. Sie tragen Blechmarken um den Hals, auf denen eine Nummer eingestanzt ist, wie Hunde.

Wegen des schlechten Wetters haben wir keine Eile und starten erst gegen 6 Uhr. In wechselnder Höhe, oft sehr steil, führt der Weg an den Berghängen entlang, mit weiten Blicken über den Baltoro. Es ist schön, von hier oben gelassen auf dieses aufgewühlte Meer aus Schutt, Felsen, Eis und Wasser zu schauen und nicht dort unten ameisengleich vorwärtskriechen zu müssen. Zwischen den gegenüberliegenden Granitburgen schieben sich kleinere, eine Spur hellere Schuttströme rechtwinklig in den Baltoro hinein, wie Zinken an einem Kamm. Die Wolkenbank drüben zerfasert und erlaubt einen flüchtigen Blick auf den Paju Peak, ein zinnenbewehrtes Bollwerk inmitten der Eisströme.

Mit jedem Tag und jedem Schritt, den wir hinter uns bringen, werden wir sicherer und entschlossener. Die Hindernisse sind keine mehr. Sie sind Herausforderung und werden einfach genommen. So wie jetzt, als ein breiter, schnellfließender Fluß aus einem Seitental zu durchqueren ist. Tage zuvor hätten wir hier noch gezögert, inzwischen haben wir erfahren, daß es geht. Die Augen haben gelernt, in den Stromschnellen zu lesen und die günstigste Furt zu finden. Das Wasser schiebt und bedrängt uns, aber es treibt uns nicht ab. Der Schmerz in den Füßen durch den Kälteschock geht schnell in Taubheit über. Aber wir müssen uns nur stützen und Gedanken und Augen auf das jenseitige Ufer richten.

Diesmal allerdings dauert es lange, bis das Gefühl in die Füße zurückkehrt und ein kräftiges Brennen die Durchblutung anzeigt. Sher Alis Kreislauf dagegen funktioniert offenbar nach anderen Gesetzen. Vier, fünf Kameraden nacheinander hakt er drüben unter und bringt sie durch die Stromschnellen. Dabei zeigen seine Beine nichts weiter als eine frische, gesunde Röte. Staunend sehen wir zu, und ich fühle mich als verweichlichter Hanswurst, der hier eigentlich nichts zu suchen hat.

Immer mehr ziehen mich diese Flüsse in ihren Bann. Die ganze Wildheit des Karakorum, dieses zyklopische Durcheinander, wird mir am deutlichsten beim Anblick der unbändigen Ströme, des ewig sich verändernden Wassers; mehr noch als durch die Wüstentäler, die endlosen Gletscher und die himmelhohen Berge.

Das Tagesziel Urdukas ist der letzte Lagerplatz auf festem Boden. Auf der Seitenmoräne des Gletschers, zwischen haushohen Felsen gibt es geschützten, trockenen Boden, Rasenterrassen, eine Quelle und wohnliche Höhlen für die Träger. Urdukas bedeutet soviel wie »geborstener Stein« – bestimmt sind die gewaltigen Trümmer auf dem steilen Hang Überreste eines Bergsturzes.

Die Träger mögen diesen Platz und sind offenbar besonders vertraut mit ihm. Ausgelassen richten sie sich ein, als seien sie endlich zu Hause angekommen. Es regnet leicht, und der Geruch der feuchten Erde mischt sich angenehm mit dem Rauch des Holzfeuers vor einem schützenden Überhang. Um mich herum die fremden und gleichzeitig vertrauten Laute der Träger: eine kleine Gruppe in dem wilden Gebirge ringsum. Ich atme tief ein und fühle mich geborgen. Weit unten der Baltoro: riesig, wüst, abweisend.

Gegen Abend läßt der Regen nach, nur der Wind johlt noch in den Felsen. Wie ein Bühnenvorhang steigen graue Wolken in die Höhe und geben den Blick frei auf Berggestalten, die sprachlos machen.
Da stehen sie, die »Wächter des Baltoro«, mit Namen, die Klang haben in der Szene: Biaho Tower, die Trango-Türme (5.753 m), Kleine und Große Kathedrale (5.866 m), Lobsang, Paju Peak. Bis zu zweieinhalbtausend Meter ragen sie über dem Gletscher auf; geschlossene, glattgeschliffene Granitwände, oft senkrecht, höher als die höchsten Steilwände in den Alpen.

Eine Schale Kekse wird für unsere Träger zum Schlemmermahl.

Kurz vor dem Ziel wird der Marsch zum Spaziergang; im Hintergrund Gipfel ohne Zahl und ohne Namen.

Ein paar letzte Sonnenstrahlen verlieren sich auf dem Paju Peak, und die eben noch stahlgrauen Türme zeigen jetzt verschiedene Rottöne, bis hin zum dunkelsten Violett. Brodelnder Himmel und schimmerndes Licht zaubern geheimnisvolle Stimmungen; die Dämmerung im Tal hat den Baltoro in einen düsteren See verwandelt.

5. August

Die ganze Nacht trommelt Regen aufs Zelt, und am Morgen ist der Himmel bleigrau, ohne Konturen, das Tageslicht fast ausgesperrt. Mißmutig trödeln wir herum, unschlüssig, ob wir aufbrechen sollen oder nicht. Die Träger hocken schwatzend in ihren trockenen Höhlen, ab und zu kommt einer heraus und sieht uns fragend an. Sie würden jede Entscheidung sofort annehmen, das ist mir klar, und darin liegt das Dilemma. Fida hält sich zurück, die Verantwortung liegt allein bei

uns. Können wir die Träger, ungeschützt wie sie sind, jetzt auf den Gletscher führen?

Stunden später wird es etwas heller, die Wolkendecke schiebt sich an den Trango-Türmen in die Höhe. Der Regen läßt nach und verliert sich dann ganz. Ohne Aufforderung schnüren Sher Ali und Jaffar ihre Lasten; die anderen Träger folgen. Minuten später regnet es wieder, und jetzt beschließen wir unwiderruflich, bis zum nächsten Tag hier abzuwarten. Die Träger jubeln, klatschen Beifall:

»Good leader! Thank you.« (Guter Führer! Vielen Dank!)

Ihre Dankbarkeit für unsere doch selbstverständliche Entscheidung beschämt mich.

»Tike«, höre ich mich sagen. Als die Zelte wieder stehen, bricht wie zum Hohn die Sonne durch die Wolken, aber schon bald prasselt es erneut auf die Planen. Es war richtig, hierzubleiben – ein kräftiger Guß jagt den nächsten. Horst schimpft auf alles und jeden, doch keiner

nimmt es ihm übel. Herumsitzen und warten ist seine Sache nicht, und entsprechend früh erwischt ihn der Lagerkoller.

Dennoch ist die Stimmung nicht schlecht, vor allem bei den Trägern. Ali Hassan hat eine Hornbrille gefunden, ohne Gläser zwar, aber sie verhilft ihm doch für ein Weilchen zu würdigem Aussehen. Seinen Kopf ziert seit Tagen unser einziges Küchentuch. Gern trägt er es auch als Halstuch, wischt damit die Töpfe aus und wickelt abends die fertigen Tschapattis für den nächsten Tag darin ein. So vereinfachen sich die Dinge im Karakorum. Heute will er uns verwöhnen und ein großes Dinner kochen. Zwischendurch bringt er schon mal »Barattas«. Das sind etwas dünnere Tschapattis, die er in Butterschmalz und Zucker gebacken und sorgfältig zu Dreiecken zusammengefaltet hat. Im Vergleich zu ihren fettlosen Brüdern schmecken sie wie Berliner Krapfen aus der feinsten Confiserie. Ulrike ist hingerissen.

Abends trifft eine schwedische Expedition ein und bringt Abwechslung und gute Laune ins Camp. Die Leute waren erfolgreich am Gasherbrum II, haben von ihren acht Mitgliedern immerhin vier auf den Gipfel gebracht. Ein schöner Erfolg, und wir freuen uns mit ihnen. Nur vom Wetter talaufwärts können sie auch nichts Ermutigendes berichten: Nebel, Schnee und Regen, seit vielen Tagen schon.

6. August

Das Prasseln des Regens auf dem Zelt hat jetzt etwas Unerbittliches, Nervtötendes. Es ist nicht ungemütlich, abends damit einzuschlafen, aber im Augenblick bedeutet es, daß wir auf unbestimmte Zeit hier festgenagelt sind. Am Mittag hört der Regen auf. Zur Sicherheit warten wir noch eine knappe Stunde, der Himmel scheint ein Einsehen zu haben. Ein paar helle Flecken unterbrechen die düsteren Wolkenhaufen, verirrte Sonnenstrahlen polieren die Unterseiten zu glänzendem Zinn. Mit dem Mut der Verzweiflung ziehen wir los, schnell, konzentriert, die Augen zu Boden gerichtet. Eine Weile geht es gut. Aber dann, mitten auf dem weglosen Gletscher, erwischt es uns richtig. Es regnet nicht, es schüttet. Im Handumdrehen sind die Träger naß bis auf die Knochen . Wir laufen weiter, hügelauf, hügelab,

wie aufgezogen. Der Gesteinsschutt wird schmierig wie Seife. Erst einzeln, dann immer dichter mischen sich schwere, nasse Flocken mit dem Regen, und kurz darauf versinkt die Welt in diffusem Licht. Rundherum eine weißliche, trübe Brühe. Orientierung ist jetzt kaum noch möglich. Jaffar, der den Gletscher offenbar am besten kennt, führt die Kolonne an. Die Träger frieren erbärmlich, sie klappern mit den Zähnen.

»Solange wir laufen, bleiben sie wenigstens halbwegs warm«, sage ich zu Fida, und es klingt wie der Versuch einer Entschuldigung. Fida sagt nichts. Mitten in der trostlosen Einöde bleibt Jaffar plötzlich stehen, zeigt auf den Boden:

»Goro.«

Soweit ich im Schneetreiben und schwindenden Licht sehen kann, gibt es nur Steine, sonst absolut nichts. »Goro« nennt man hier einen nicht genau bezeichneten Platz auf halbem Weg zwischen Urdukas und Concordia.

Fida und Jaffar greifen sich Eispickel und ebnen den Schutt soweit ein, daß wir Zelte aufstellen können. Es schneit immer heftiger, und der Schnee, der sich anfangs an den Steinen aufgelöst hatte, bleibt jetzt liegen. Wind kommt auf. Neben uns schichten die Träger einen ringförmigen Wall aus Steinen und überspannen ihn mit einer Plastikplane. Schutzsuchend verkriechen sie sich. Dicht an dicht gedrängt wärmen sie sich gegenseitig. Sie bringen sogar mit dem nassen Holz ein Feuerchen in Gang, stickiger Qualm zieht aus der Eingangsöffnung. Auf gleiche Art baue ich mit Ali Hassan eine Küche, und innerhalb einer halben Stunde ist in dieser lebensfeindlichen Umgebung zwar noch kein gemütlicher Platz entstanden, aber immerhin ein Ort, an dem man wenigstens existieren kann. Ulrike hat sich in ihren Schlafsack gerollt. Ali Hassan bringt ihr Tee und Suppe. Mit schlechtem Gewissen krieche ich zu den Trägern in ihren Unterstand. Dichtgepfercht hocken sie halb übereinander im Kreis und halten die Hände nah an die Flammen. Eine Lage flacher Steine trennt sie vom blanken Eis. Beißender Rauch mischt sich mit dem Geruch von Schweiß, Fisch und Butterfett, dringt in jede Pore, die Augen tränen. Wie zum Trost verteile ich Schokolade, stückchenweise. Sie nehmen sie dankend, sind mir aber nicht böse. »Tike«, sagen sie und nicken dazu. »Tike«, erwidere ich. Die halbe Nacht höre ich das Husten der Träger. Es klingt wie ein Vorwurf.

7. August

Quälend langsam verstreicht die Nacht. Ich beneide Fida, der friedlich neben mir schnarcht. Gestern hatte ich ihn mit in unser Zelt genommen, denn hier liegt er wärmer als in dem, was ich ihm anfangs gab. Immerhin ist er doch schon fast ein älterer Herr mit Anspruch auf ein wenig Komfort!

Es ist deprimierend. Der Schnee ist wieder in Regen übergegangen, immer neue dunkle Wolken quellen das Tal herauf. Um uns herum eine der unglaublichsten Hochgebirgsszenerien, die es auf Erden gibt – wir sehen nicht das mindeste davon. Streifen schwarzen und grauen Nebels hängen vor den Felswänden, über uns trostloser Himmel. Immer wieder gehen Regen- und Graupelschauer nieder. Feuchtigkeit und Kälte kriechen unter die Kleidung und legen sich klamm auf die Haut. Eine kalte, dunkle, schwermütige Welt. Unvermittelt tauchen aus dem Nebel Gestalten auf. Es sind Träger der japanischen Expedition, unterwegs vom K 2-Basislager. Klatschnaß und müde. Sie zeigen nach oben und lassen eine wegwerfende Handbewegung folgen.

Ich sehe ihnen nach, bis sie als kleine dunkle Punkte hinter dem nächsten Moränenrücken verschwinden. Beneide ich sie etwa schon, daß sie talauswärts ziehen, weg von hier? Ich fühle, wie ich anfange, diesen Gletscher zu hassen.

So verstreicht der Tag, in Fetzen. Wenn ich im Zelt nicht mehr liegen kann, gehe ich nach draußen. Wenn ich vor Untätigkeit fröstele, gehe ich wieder hinein. Im Liegen kommen die Grübeleien: Die Träger kochen unentwegt – vielleicht verbrauchen sie zuviel Brennstoff? Geht Ali Hassan nicht reichlich unbesorgt mit dem Zucker um? Haben wir in Urdukas genug Holz gesammelt? Ich stehe auf und sehe nach. Zu allem Überfluß bewahrheiten sich meine Befürchtungen. Ich lege mich wieder hin. Was ist, wenn jemand ernstlich krank wird? Wenn das Wetter so bleibt? Der Wind bläst aus

Süden, und ich weiß, was das heißt: Tagelang, wochenlang kann es hier dichtmachen. Irgendwann werden unsere Vorräte aufgebraucht sein, wir werden den Rückweg antreten müssen und all diese Berge nicht gesehen haben.

Zum Teufel, dann haben wir sie eben nicht gesehen, anderen ist das auch schon passiert. Und dann gibt es ja noch diese fabelhaften Bildbände, wo die Berge sowieso immer toller aussehen als in Wirklichkeit. Man kann sie betrachten, ohne von Durchfall und Flöhen gepeinigt zu sein, als schieren Genuß, in der Rolle des Bergästheten. Mit einem guten Glas Wein auf der Sesselkante wird der Karakorum zur Hochglanzlaune der Natur.

Ohnehin ist es merkwürdig, daß wir über alles mögliche sprechen, vor allem über Essen, über Berge aber immer weniger. Vielleicht auch, weil wir sie immer seltener sehen.

8. August

Überraschend hat der Wind in der Nacht gedreht. Jetzt am Morgen ist es spürbar kälter als am Vortag, der Himmel immer noch bedeckt, aber er zeigt Konturen, Wolkenränder. Nebel zieht an den Bergflanken in die Höhe, wo ihn der Wind spielerisch in weiße Flocken zerrupft. Die Wolkendecke wird faserig, bekommt blaue Löcher. Dann erste Sonnenflecken ringsum, und bald darauf zerreißt die höhersteigende Sonne kraftvoll den Vorhang aus Wolken und Nebel. Ganz plötzlich ist die Farbe zurückgekehrt, die eben noch monochrome Welt glänzt wie frisch lackiert. Hoch und spitz die Berge ringsum, als wollten sie den Himmel durchbohren. Ganz fern, am oberen Talende überragt das schlanke Trapez des Gasherbrum IV (7.980 m) einen Wolkenkranz, rechts davon ist dornenspitz der Mitre Peak (6.013 m) zu sehen, im Süden streben die überwächteten Grate des Masherbrum (7.820 m) in die Höhe und ziehen sich zu einem winzigen, spitzen Schneegipfel zusammen, unwirklich hoch und weiß, als wolle er gleich in den Himmel entschweben. Obgleich unter unseren Füßen viele hundert Meter dickes Eis fließt, sehen wir nur die Spitzen des Gletschers aus dem Meer von Schutt ragen. Sie zeichnen die Gipfel nach, reinweiß und im Kleinformat, wie die Rückenschuppen einer riesigen Echse. Eine faszinierende Topographie, schnörkellos, ohne Kompromisse. So habe ich als Kind die Berge gezeichnet.

In den Gesichtern der Träger sehe ich Begeisterung. Sie freuen sich mit uns, daß es wieder weitergeht. Weggeblasen wie der Nebel sind jetzt, wo wir wieder aktiv sein können, auch meine Grübeleien. Bestimmt werden wir gut vorankommen, die Träger werden weiter ihr Bestes geben. Zwei von ihnen zahlen wir aus, denn unsere Vorräte haben sich spürbar verringert. Vor allem das Kerosin ist bedrohlich zur Neige gegangen. Ich muß es endlich begreifen: Planung, Einteilung oder auch pfleglicher Umgang mit Dingen sind den Trägern völlig fremd. Bis zur Neige wird gepraßt, danach sieht man weiter. Gegenstände wie Sonnenbrillen oder Taschenmesser haben oft kein langes Dasein und werden achtlos weggeworfen: »Finished.«

Fida schickt Sher Ali zusammen mit dem »faulen Jaffar«, der über Kopfschmerzen klagt, hinunter nach Urdukas. Sie sollen dort Feuerholz sammeln und Tschapattis backen, um dann alles zum Concordia-Platz hinaufzutragen. Dort wollen wir sie in drei Tagen erwarten.

Jetzt, wo der dunkle Schutt die Sonnenstrahlen absorbiert, scheint sich der Gletscher in der Wärme zu strecken, als erwache er aus dem Schlaf. Nachts ist er stumm, aber jetzt gurgelt und kracht es tief unter unseren Füßen, poltert und braust es aus allen Richtungen. Ein kleines Pelztier, einem Eichhörnchen ähnlich, sonnt sich auf einem Stein und betrachtet uns aus schwarzen Knopfaugen. Es rührt mich in dieser Umgebung, die mir leer und lebensfeindlich erschien wie die Arktis.

Wir sind vielleicht am Ende der Welt, aber nicht allein auf dem Baltoro Highway. Eben überholt uns leichtfüßig, ohne Gepäck, eine Trägerkolonne. Ulrike will es wissen, setzt sich an den Schluß des flinken Bandwurms. Bis zur Spitze des nächsten Moränenrückens hält sie mit, dann sehe ich sie, tief gebeugt auf den Stock gestützt, nach Luft ringend. Wir sind jetzt

Im frühen Licht legt der Schuttstrom sogar Glanz auf. In der Bildmitte Gasherbrum IV.

immerhin in Höhen, wo in Europa die Berge aufhören. Im Sonnenlicht ist das Geröll nicht mehr stumpf, sondern weist eine ganze Palette erdiger Farbtöne auf. Vor allem die rötlichbraunen, länglichen, gebrochenen Steine haben es mir angetan. Einmal daran erinnert, kann ich von dem Vergleich nicht mehr lassen: Sie erinnern mich an Filets! Soweit das Auge reicht: Roastbeefs, Bündner Fleisch, Unterfilets, perfekt abgehangen. Ich erzähle Elke davon, und sie fällt mir um den Hals – sie hatte denselben Gedanken! Heute abend werden wir wieder gemahlene Steine essen.

Immer weiter wird das Tal, immer spektakulärer die Berge, die es begrenzen. Zu unserer Linken sind wieder Wolken aufgezogen und verhüllen die Gipfel, aber vor uns liegt jetzt völlig frei der gewaltige Rücken des Broad Peak (8.047 m). Hat es etwas auf sich mit der magischen Zahl »Achttausend«? Der Broad Peak liegt jenseits dieser Grenze und zieht gesteigerte Aufmerksamkeit auf sich. Sehe ich deshalb

Marble Peak.

Zyklopisches Durcheinander am Beginn des Godwin Austen-Gletschers; links Gasherbrum IV.

intensiver zu ihm hin? An seiner Gestalt kann es nicht liegen: ein gedrungener, buckliger Berg, auf dessen Schultern schwer die Gletscher lasten. Die anderen Berge sind ganz anders. Hier Masse, dort reine Form: das unheimliche, bleiche Kalksteintrapez des Gasherbrum IV, der schwarze, groteske Dorn des Mitre Peak, die leuchtenden Marmorfiguren des Marble Peak (6.238 m), oder der gesägte Klotz des Golden Throne (7.312 m). Es kommt mir vor, als würden die Berge mit abnehmender Höhe immer schöner! Ihre bloße Form ist bereits Herausforderung, noch mehr als die Höhe und unerhörten alpinistischen Schwierigkeiten. Aber noch haben wir den K 2 nicht gesehen, der sich hinter einem Wall schnell ziehender Wolken verbirgt. Nur für Sekunden wird ein spitzer Gipfel mit einer rasenden Schneefahne sichtbar.

Aus den gletscherweißen schmalen Seitentälern bläst es eisig herunter. Wir sind eingetreten in das größte Gletschergebiet der Erde außerhalb arktischer Regionen. Bald darauf errichten wir unser Camp inmitten einer riesigen Eisfläche, wo die mächtigen Ströme des Abruzzen-, Vigne- und Godwin Austen-Gletschers verschmelzen und den Baltoro speisen. Mit Recht nennt man den Concordia-Platz einen der spektakulärsten Orte der Welt. Wie in einem Hochgebirgs-Amphitheater stehen zehn der dreißig höchsten Gipfel der Erde im Umkreis von nur 29 Kilometern beisammen: Dies ist das »Dach der Welt.« Ich stelle mir vor, daß genau unter meinen Füßen, viele Kilometer tief, Erdteile aufeinanderprallen; daß sich gerade hier die Platte des indischen Subkontinents unter die asiatische schiebt und dadurch diese ungeheuren Gebirge wachsen läßt. Auch wer kein Geologe ist, ahnt die wirkenden Kräfte und versteht sofort den Begriff Faltengebirge.

Lange noch sitzen wir im Freien zusammen und schauen und schauen. Es ist bereits dunkel, aber keiner geht ins Zelt. Die Nähe der Eisberge ist körperlich fühlbar. »Sind diese Berge und Gipfel nicht etwa eine Eigenschaft im Innersten von uns allen?« fragt Werner Herzog in einem Reportagefilm angesichts des Baltoro-Gebietes.

Die Träger lagern ein Stück entfernt. Ganz leise weht Gesang herüber, anrührend und doch fremd. Als er verstummt, steht die Welt zeitlos still. Im Norden, vor dem K 2, türmt sich eine Wolkenwand.

9. August

Horsts Schrei aus dem Nachbarzelt zerreißt meinen Schlummer:

»Der K 2, der K 2!«.

Schlaftrunken stecke ich den Kopf zum Zelt heraus – und pralle fast zurück bei dem Anblick. Die Wirklichkeit übertrifft jede Erwartung. »Berg der Berge« haben ihn Berufene genannt, die die Berge kannten und wußten, wovon sie sprachen. Diese ebenmäßige Pyramide ist der Berg schlechthin. So malen Kinder einen Berg.

Es ist 5 Uhr morgens, die Sonne noch irgendwo hinter den Gasherbrumgipfeln, den »Leuchtenden Wänden«, verborgen. Der K 2 liegt im Schatten. Klar und kalt, wie ein funkelnder Kristall, steht er vor einem blaßblauen Himmel. »Chogori«, der »Große Berg«, nennen ihn die Einheimischen, und in der Tat überragt er die Nachbargipfel bei weitem. Er füllt den ganzen Talschluß aus. Nichts gibt es, was die Aufmerksamkeit vom zweithöchsten Berg der Erde ablenken könnte.

Ein erstes goldenes Strahlenbündel zuckt hoch und berührt den Gipfel, löst ihn aus seiner Starre. Er wird allmählich lebendig. Die Sonnenstrahlen streichen fächerförmig auf seinen Flanken herunter und bilden Licht- und Schattenmuster. Surrealistisch aber, wie eine Vision im zeichnenden Licht der aufgehenden Sonne, reihen sich die Felsfiguren am Rande des Baltoro bis hinunter zum Paju Peak, der von hier aus an ein verwunschenes Märchenschloß denken läßt. Lange noch bleibt unser Lager im eisigen Schatten. Dann endlich macht sich die Sonne auch hier unten breit. Sie läßt einzelne Steine aufblitzen, bis die dünne Reifschicht getaut ist und der Gletscherschutt wieder zur konturenlosen Masse zerfließt.

Die Träger haben sich hinter ihrer Steinumzäunung erhoben und tapsen eine Weile steifgefroren im Kreis. Danach knien sie nieder und beten gen Mekka – barfüßig, wie es der Koran vorschreibt. Heute lassen wir uns Zeit. Schöner kann es ohnehin nicht mehr werden, das Wetter nicht, die Szenerie nicht, die Stimmung nicht.

Doch das Ziel hieß von Anfang an »K 2«. Er leuchtet jetzt über dem Tal, als ob das Licht in seinem Inneren wohnte. Einmal nur wollten wir am Fuße dieses Berges stehen, ihm nahe sein, hinaufschauen, ihn berühren.

Von unserem Lager aus sind es rund 15 Kilometer über den wild zerrissenen Godwin Austen-Gletscher bis zur Südwand. Weil sie hier zusammenfließen, sind die Eisströme besonders aufgeworfen und spaltenreich. Jaffar übernimmt die Führung. Erst vor wenigen Wochen war er schon einmal als Träger hier und lotst uns jetzt geschickt – halb Instinkt, halb Erinnern – durch ein tückisches, aber faszinierendes Labyrinth. Da balancieren wuchtige Steine auf schlanken Eissäulen, spannen sich Eisbrücken, schießen grünliche Sturzbäche durch tiefe Furchen, funkeln Gletschersümpfe und leuchten blaue Eisgrotten wie riesige Aquamarine. Das Licht ist gläsern, ohne Wärme. Fremd und abweisend starren eisgepanzerte Berge zu uns herab, reflektieren die Sonnenstrahlen und verdichten sie über dem Gletscher wie in einem Brennglas. »Das nackte Gerippe der Welt, ein Bauplatz den der Schöpfer vorzeitig verlassen hat«, notierte Bruce hier in sein Tagebuch.

Gegen Mittag erreichen wir das Basislager am Broad Peak. Eine französisch-polnische Expedition hat sich auf dem Gletscher komfortabel eingerichtet, und wir werden herzlich eingeladen, ihre Gäste zu sein. Wer beschreibt unser Glück, als wir Köstlichkeiten wie Schmelzkäse und Knäckebrot in den Händen halten, dazu heißen Kaffee! Auch unsere Träger genießen einen großen Tag im Schlaraffenland. Zum Abendessen sind sogar Spaghetti in Aussicht gestellt, und so fällt die Entscheidung leicht, bereits hier zu campen und unser Ziel in einem bequemen Nachmittagsausflug zu erreichen. Captain Jajah, der Begleitoffizier der Expedition, ist offenbar froh über die Abwechslung durch neue Gesichter und läßt es sich nicht nehmen, uns zu begleiten. Eine verwirrend schöne Welt aus Form und Licht tut sich auf, voll tiefer Ruhe. Und dann sind wir am Ende des Godwin Austen-Gletschers, am Fuß des K 2. Hier, in 5.000 Metern Höhe, ist unser Ziel erreicht. Hiervon hatten wir jahrelang geträumt und waren in Gedanken schon oft hier gewesen. Ein bescheidenes Ziel sicherlich, gemessen an einer Besteigung des Berges. Aber für uns alle zählt es zu den erregendsten Augenblicken in unserem Leben, einmal diese Urlandschaft gesehen zu haben.

Ganz entfernt erinnert die Form des K 2 an das Matterhorn. Doch schon der Größenvergleich zwischen Alpen und Karakorum rückt die Maßstäbe zurecht: Nicht weniger als zwei-undvierzig Matterhörner hätten in dieser Felspyramide Platz! Jetzt, aus der Nähe, ist die Steilheit von Flanken und Gletschern erschreckend. Die Augen wandern, spielen Aufstiegsvarianten durch. Logisch vom Verlauf her, gleichzeitig aber unerhört schwierig und gefährlich: Messners Direttissima, die »Magic Line«, wo mächtige Séracs wie Fallbeile lauern. Vergleichsweise »entschärft« zieht sich der lan-

Am Ziel unserer Träume, zu Füßen des »Berges der Berge«.

ge Abruzzengrat zum Gipfel, die Route der ersten Erkundungen, der Erstbesteigung und bis heute der »Normalweg.« Aber was heißt schon »entschärft« und »Normalweg« am schwierigsten Achttausender, den es gibt?

Ein Jahr nach unserem Hiersein sollten grauenhafte Tragödien stattfinden. Innerhalb weniger Wochen gaben 13 der besten Bergsteiger ihr Leben für diesen Gipfel. Teilweise schon im Abstieg, wurden sie durch Wasserstürze gefangengehalten und starben an Erschöpfung.

Ich blicke nach Osten: Irgendwo auf diesem vom Wind zerfransten Gletscher beginnt Chinas wilder Westen, die Provinz Sinkiang. Im Süden steht jetzt, weiß und mächtig, die dachförmige Chogolisa (7.654 m), der »Berg der Braut«, beherrschend über dem Concordia-Platz. Meine Augen wandern am Ostgrat empor, wo Hermann Buhl 1957 mit einer Schneewächte in die Tiefe stürzte, wenige Wochen nach seiner Erstbesteigung des Broad Peak.

10. August

Während der Nacht sitze ich lange vor dem Zelt. Es geht kein Wind, und die Stille ist absolut, als hätte die Kälte auch alle Geräusche eingefroren. Schemenhaft zeichnet sich ein weißer Gipfelkranz vor nachtdunklem Himmel ab. Hinter dem Marble Peak ist der Himmel heller – gleich wird der Mond hervorkommen. Die Sterne scheinen herabzufallen, so unwirklich nah überspannen sie das Tal.

Das Schönwetter am Morgen erlaubt dem Militärhubschrauber eine Stippvisite bei den Verbindungsoffizieren, die jede größere Expedition begleiten.

Wir lernen Bergsteiger und Hochträger kennen, lassen uns gern von ihren Abenteuern berichten. Ich verstehe zu gut, daß es sie wie Süchtige auf diese Gipfel treibt. Geht es mir doch genauso, wenngleich ich mein bergsteigerisches Maß bereits in den Eisgipfeln der Anden gefunden habe.

Das Wetter scheint stabil. Nur ein schmales Wolkenband hängt wie eine Rauchfahne am Gipfel des K 2, als wir zum Concordia-Platz hinunterziehen. Hier wartet Sher Ali mit Hussein schon auf uns, stolz auf den reichlichen Holzvorrat. Wir können wieder ohne Sorge kochen. Und dann zaubert er aus den

Falten seiner Kleidung ein halbes Dutzend roher Eier, die er irgendeiner Expedition abgeschwatzt hat. Nicht ein einziges ist zerbrochen.

11. August

Obgleich wir denselben Weg, den wir heraufgekommen sind, jetzt zurücklaufen, habe ich das Gefühl, noch nie hier gewesen zu sein. Der Baltoro hat im Sonnenlicht seinen Schrecken verloren, ist zur Prachtstraße geworden zwischen diesem Spalier abstrakter Gipfel, lebendig, voll feiner Zeichnungen und Farben. Wie helle Adern ziehen Eiszungen durch die Steinwüste. Drehe ich mich um, hat sie im Gegenlicht der noch tiefstehenden Sonne sogar Glanz aufgelegt. Der naßschwarze Schuttstrom funkelt, und die Träger erscheinen wie Scherenschnitte. Sie sind guter Dinge; die Aussicht, in doppelten Tagesetappen den Gletscher schnell hinter sich bringen zu können, scheint sie zu beflügeln. Zusammen mit Ulrike schließe ich mich jetzt Sher Alis »Balti-Trab« an, diesem halsbrecherischen Rennen und Springen von Stein zu Stein, hügelauf, hügelab, alle hundert, zweihundert Meter durch sekundenlange Rast unterbrochen. Wir sind leicht und gleichzeitig stark geworden während der letzten Wochen, haben gelernt, uns im härtesten Ödland der Erde zu bewegen und dabei keine Rücksicht auf uns zu nehmen. Wir müssen uns nicht mehr schonen oder Kräfte sparen – unser Ziel haben wir erreicht. Verrückt die Berge zu unserer Rechten, vollkommen verrückt. Wer hätte den Mut, sich so etwas auszudenken? Den ungeheuren Eismeißel des Mustagh Tower (7.263 m) etwa, vor diesem Himmel, wie auf Schwarz gemalt. Daneben Türme, Minarette, Nadeln – ein surrealistisches Bilderbuch.

Als wir spät Urdukas erreichen, quillt der Platz über von Zelten und Menschen. Wieder Japaner, in voller Ausrüstung. Der Generator schnauft, vielleicht bekommt ihm die dünne Luft nicht. Wir sind fast zu müde zum Essen.

12. – 14. August

Weiter geht's, doppelte Etappe, immer bergab, auf Wiedersehen in Paju. Der Weg ist lang und knallhart: Steine, Steine, Steine. Ich kann sie schon nicht mehr sehen, muß aber doch auf sie hinstieren, weil ich sonst falle. Es muß schön sein, geradeaus zu gehen und vergnügt die Landschaft zu betrachten. Wie lange ist es her, daß ich aufrecht gegangen bin? Eine Woche, ein Jahr? Ich habe es vergessen. Nach dem Gletscherschutt kommt das Geröll – vom Eis zurück in die Wüste, ohne Übergang. Der Tritt ist jetzt wie automatisiert, Denken und Empfinden reduziert. Wir sind trekkende Roboter.

»Hier waren wir noch nie!«

Wie in Trance stolpern wir durch die staubtrockene Ebene, springen über Bäche, an die sich keiner erinnern kann.

»Diese Querung, war die wirklich so lang?«

»Wenn doch endlich Askole käme!«

Ich male mir mit Horst aus, was wir dort kaufen wollen. Vor allem Eier, hartgekocht, so viel wie möglich. Aber Askole will nicht näherkommen.

Irgendwann endlich sind wir da: Felder, Wiesen, Bäume, Menschen, wie eine zauberhafte Bühne, die hier nicht wirklich hingehört. Anrührend wie Musik die Geräusche, die Leben anzeigen: der Wind in den Baumkronen, das Zirpen der Grillen und Zikaden. Hier kräht ein Hahn, dort bellt ein Hund, irgendwo weint ein Kind, Frauenstimmen.

Behutsam, fast ungläubig gehen wir ins Dorf. Die Hütten erscheinen mir längst nicht mehr so armselig wie noch beim Anmarsch. Ein Mann nickt uns vom Dach seines Hauses zu:

»Salam.«

Hinter ihm piepsende Mädchenstimmen. Die Männer des Dorfes bringen uns hartgekochte Eier, Hadschi Jaffar möchte uns Konserven verkaufen, der faule Jaffar will Alexandra als dritte Frau dabehalten – die Welt hat uns wieder, den Rest werden wir auch noch schaffen.

Hat es sich gelohnt? Shangri-La, das Paradies, haben wir hier nicht gefunden. Lieblich ist hier nichts, und der Tod lauert überall: auf Bergsteiger, Träger, Soldaten, Kinder. Dennoch, dieser Trek zum Dach der Welt war für uns alle eines der größten Erlebnisse überhaupt. Häufig ist das Ziel nichts und der Weg alles, aber hier war auch das Ziel etwas Besonderes, was man nicht vergißt. Wenn ich aber zurückschaue: Das herausragende Erlebnis war die Begegnung mit den Menschen das wochenlange Zusammenleben mit diesen Männern. Wir waren gekommen als Fremde, und wir schieden von Freunden, denen wir diese Erlebnisse verdankten.

Kurzinfo

Der Trek zum K2 ist die spektakulärste Bergwanderung, die es auf der Welt gibt, aber auch entsprechend anspruchsvoll. Einiges ist seit kurzem einfacher geworden. So wird die Flugverbindung zwischen Rawalpindi und Skardu inzwischen durch eine Boing 737 bedient, was den Verkehr erheblich zuverlässiger macht. Leider (!) ist die Straße nach Askole inzwischen wohl fertig – für den Trekker ein zweifelhafter Vorteil.

Auch die »klassische« Tour bietet einige Varianten:

1. Vom Concordia-Platz zum Basislager am Hidden Peak (Abruzzi-Gletscher)

2. Von Askole nach Hunza (Biafo- und Hispar-Gletscher)

Hinter Askole über den von eindrucksvollen Gipfeln gesäumten Biafo-Gletscher etwa sechs Tage lang hinauf zum »Snow-Lake«, dem weiten Gletscherzusammenfluß an seinem Ende. Über den einfachen Hispar-Paß (5.150 m) und den Hispar-Gletscher erreicht man in vier Tagen, wieder begleitet von gewaltigen Bergen, die Jeepstraße unterhalb der Gletscherzunge. Sie stößt in der Nähe von Karimabad auf den Karakorum Highway.

3. Von Skardu über Hushe und den Masherbrum-Paß zum Baltoro-Gletscher (siehe Trek 8).

Kalter Krieg in der Todeszone

Das häßliche Knattern stört die Stille des Tales. Langsam schwillt es an, der Schall bricht sich an vereisten Wänden. Im Tiefflug kriecht ein Helikopter über den Godwin Austen-Gletscher, offenbar an der Grenze seiner Möglichkeiten. Helle Aufregung unter den pakistanischen Offizieren im Basislager des Broad Peak; für ein, zwei Minuten setzt der Militärhubschrauber bei laufendem Rotor auf, Zeit für ein paar Bruderküsse und die Abwicklung der Post. Dann taumelt er wieder aus dem kalten Tal, von Fallwinden gebeutelt, wie ein Insekt, das hier nicht hingehört.

Für die beiden Verbindungsoffiziere, die jede größere Expedition mitnehmen muß, sind diese Visiten der einzige Kontakt zur Außenwelt während vieler Wochen fröstelnden Müßigganges in 5.000 Metern Höhe. Unweit von hier, am 70 km langen Siachen-Gletscher im Nordosten Baltistans, ist das Militär in ernster Mission präsent. Hier bringt der Hubschrauber, wenn das Wetter es erlaubt, vom höchsten Kriegsschauplatz der Welt öfter einmal einen steifgefrorenen Toten zu Tal. Selten ist er das Opfer feindlicher Kugeln, sondern durch Höhe und Kälte, Lawinen und Gletscherspalten umgekommen. Ein wahrhaft »kalter«, ein absurder Grabenkrieg, in dem beide Seiten bislang nur verloren haben, ohne daß es zu nennenswerten Grenzverschiebungen kam.

Im letzten Waffenstillstandsvertrag von 1971 war die Kontrollinie am längsten Gletscher des Himalaya nicht genau geklärt worden. Wozu auch; noch nie hatte in dieser unwirtlichen Gegend eine Menschenseele gelebt, und militärische Operationen in fast 6.000 Metern Höhe hielt man für ausgeschlossen.

1984 aber stieß der Erzfeind Indien in die Lücke und besetzte den Siachen-Gletscher sowie einige Pässe, die als strategisch bedeut-

Selbst im härtesten Ödland der Erde ist das Militär präsent (im Hintergrund K2).

sam angesehen wurden. Seither verschanzen sich auf beiden Seiten der Frontlinie Tausende von Soldaten, bis an die Zähne bewaffnet. Balti-Träger schleppen Munition, Treibstoff und Nahrung ins ewige Eis, wo Stürme toben und das Thermometer im Winter bis auf minus 50 Grad fällt. Immer wieder kommt es zu kleineren Scharmützeln, aber bei den Großmanövern im Frühjahr 1987 flohen 50.000 Zivilisten in beiden Teilen Kaschmirs aus ihren Heimatdörfern: Der kalte Krieg drohte in einen heißen umzuschlagen.

Doch auch die übrige Welt horcht mittlerweile auf, wenn sich auf ihrem »Dach« etwas rührt. Denn beide Seiten verfügen über die Atombombe; Pakistan soll ein Dutzend besitzen, Indien an die hundert. Kaschmir gilt zur Zeit als der Welt gefährlichster Krisenherd, und die Gefahr einer nuklearen Auseinandersetzung ist nirgends größer als hier. In einem Konflikt, bei dem so starke Emotionen mitspielen, kann der labile Status quo jederzeit zusammenbrechen. Erst 1993, als man in die vorläufig letzte ernsthafte Krise schlidderte, wurde bekannt, daß es drei Jahre zuvor fast zum Atomschlag gekommen wäre. Washington verhinderte es in letzter Minute. Seit Januar 1994 gibt es keine Kommunikation mehr zwischen Islamabad und Neu-Delhi. Die Funkstille ist beunruhigend. Kaschmirs Vergangenheit ist wechselvoll und blutig gewesen, die Gegenwart scheint ausweglos zu sein, die Zukunft ist ungewiß.

Das einstige Fürstentum »Jammu und Kaschmir«, eingebettet zwischen Afghanistan und Tibet, war bis 1947 ein selbständiger Staat. Mit dem Ende der englischen Oberhoheit und der Teilung von British India wurde auch Kaschmir gespalten. Indien kontrolliert heute zwei Drittel des Gebietes mit 7,7 Millionen Einwohnern – Muslime im Kaschmirtal, Hindus in Jammu und Buddhisten in Ladakh, wo sich 1962 China bei der chinesisch-indischen Auseinandersetzung einen Zipfel Land einverleibte.

Auf dem Papier ist der Rest »Azad Kaschmir« (Freies Kaschmir) mit seinen 3 Millionen Muslimen sogar unabhängig, doch die Regierung in Muzaffarabad hat auf Islamabad zu hören.

Im Anfang bezeichnete der Name Kaschmir nur das 130 Kilometer lange und 30 bis 40 Kilometer breite Haupttal am Südrand des Himalaya, wo bis zum 14. Jahrhundert Hindus und Buddhisten lebten. Wegen seiner zentralen und strategisch bevorzugten Lage richteten sich regelmäßig die begehrlichen Blicke stärkerer Nachbarn auf das Land. 1586 machten es die Mogul-Kaiser zu ihrer Spielwiese. 1756 kamen Afghanen, 1819 die Sikh-Herrscher des Punjab, 1846 die Truppen der »Ostindischen Handelskompanie« im Namen der englischen Krone. Die Briten schätzten zwar die frische Bergluft, verkauften das fruchtbare Tal aber sogleich dem Maharadscha von Jammu gegen 750.000 Pfund Sterling sowie eine jährliche Tributleistung von einem Pferd, zwölf Ziegen und sechs Kaschmirschals. 1947 hatte der Maharadscha von Jammu und Kaschmir, Hari Singh, freie Wahl, sich mit seinen überwiegend muslimischen Landsleuten entweder Indien oder Pakistan anzuschließen. Monatelang zögerte er die Entscheidung hinaus, wohl in der Hoffnung auf einen dritten Weg: einen eigenen, unabhängigen Staat.

Pakistan verstand das Zögern als Konspiration mit Indien und wiegelte muslimische Pathanenstämme aus dem Norden zum Dschihad, dem »Heiligen Krieg«, gegen indische Landräuber auf. Wie eine Steinlawine stürzten sich fanatische Freischärler von den Bergen hinab ins Tal, längst der Kontrolle ihrer pakistanischen Offiziere entglitten. Wie im Rausch töteten sie zwei apokalyptische Tage lang wahllos, sinnlos, hemmungslos Hindus und Muslime. Den kaschmirischen Volkshelden und Muslim Mir Magbool Sherwani schlugen die Barbaren ans Kreuz und drückten ihm eine Dornenkrone aus Zinn in die Stirn. Der Hilfeschrei des Maharadschas fand in Delhi Gehör, doch der Preis für die indischen Luftlandetruppen, die die Pathanen zurückschlugen, war hoch. Es war die Höchstsumme, die gefordert und bezahlt wurde: die Freiheit. Am 26. Oktober 1947 wurden Jammu und Kaschmir ein Teil Indiens.

Wenngleich noch immer die »shikaras« über den Dal-See gleiten: Kaschmirs Paradiesformel gilt nicht mehr.

Friede aber kehrte nicht ein im »glücklichen Tal.« Der nachfolgende Krieg gegen Pakistan endete am 1. Januar 1949 an der Waffenstillstandslinie, die Kaschmir bis heute zerreißt. Der Sicherheitsrat der UN bewirkte die Feuereinstellung und ermöglichte Pakistan, ein Drittel des Landes besetzt zu halten. In Indien versprach Regierungschef Nehru, selbst ein Hindu aus Kaschmir, eine Volksabstimmung über die Zugehörigkeit des Landes zu Indien oder zu Pakistan. Dazu kam es jedoch nie. Vielmehr wurden die Bande zu Neu-Delhi immer enger geknüpft: 1954 Anerkennung der De-facto-Annexion durch das Parlament in Srinagar, 1957 Bundesstaat der indischen Union.

Im September 1965 brach der zweite Krieg um Kaschmir zwischen Indien und Pakistan aus, der bis Januar 1966 dauerte. Er brachte Tote auf beiden Seiten und neue Abgründe, sonst nichts. 1971 kam es auch in Kaschmir selbst zum nächsten Waffengang zwischen den Todfeinden, als sich Ostpakistan mit Indiens Unterstützung zu Bangladesh umformte. Lange Zeit blieb es danach ruhig, und im Kaschmirtal lebten Hindus und Moslems halbwegs friedlich in Zwangsgemeinschaft zusammen.

Seit 1987 ist es mit der Ruhe vorbei. Die indische Kongreßpartei hatte massiv die kaschmirischen Parlamentswahlen gefälscht und damit

Im einst quirligen Basar Srinagars hat sich Angst breitgemacht.

viele, meist junge Kaschmiri in den bewaffneten Untergrund getrieben. Mit dem Ende des Afghanistan-Konflikts im Jahre 1989 kehrten Tausende kaschmirischer Frontkämpfer in die Heimat zurück und verschärften, unterstützt von Pakistan, den Guerillakrieg islamischer Rebellen. Die Zentralregierung schickte 400.000 Soldaten, verhängte den Ausnahmezustand im Tal und spielt seither Katz und Maus mit geschätzten 10.000 Rebellen. In Wahrheit ist längst ein Bürgerkrieg aus der Auseinandersetzung geworden, bei dem allzu viel auf dem Spiel steht. Ein freies Kaschmir oder aber der Alptraum eines Anschlusses an Pakistan könnten in einem Dominoeffekt das Ende der Indischen Union einläuten; separatistische Bestrebungen gibt es genügend. Neu-Delhi hat keine Wahl – es muß Kaschmir halten. Die drei Karten in diesem Poker werden so schnell gemischt, daß nicht immer zu erkennen ist, welche gerade oben liegt. Ebenso unklar ist, welche Kaschmir das Glück zurückbringen könnte. Es darf bezweifelt werden, daß eine solche Karte überhaupt im Spiel ist.

Die Paradiesformel gilt nicht mehr. Das »glückliche Tal«, Vorhimmel der Touristen, ist zum Tal der Angst verkommen. Unsere letzte Fahrt durchs Kaschmirtal wäre für Ulrike um ein Haar die letzte ihres Lebens geworden.

Einen Tag zuvor war der pakistanische Präsident Zia ul Haq bei einem Flugzeugabsturz umgekommen. Für die Kaschmiri eine klare Sache: ein Attentat der Clique in Neu-Delhi. Kaschmir tobte, schäumte, lief Amok. Der Haß richtete sich gegen alles, was irgendwie mit Indien zu tun hatte. Wir saßen in einem indischen Überlandbus, der Geleitschutz indischen Militärs war schon ein Stück voraus.

Die ersten Schüsse aus nachtdunklem Hinterhalt kamen schräg und prallten sirrend an der stabilen Blechhaut ab. Ich riß Ulrike vorm Fenster zu Boden, nicht eine Sekunde zu früh. Wie von einem Katapult geschleudert, zerriß ein topfgroßer Stein das Fenster genau dort, wo eben noch ihr Kopf gewesen war. Von allen Seiten flogen jetzt Steine aus dem Dunkel, der Fahrer kurvte und schlingerte. Bloß nicht anhalten! Eine Stunde später kamen wir an, in einer Geisterstadt. Ausgangssperre. Ich erkannte Srinagar nicht wieder. Die Regionen, die ich in diesem Buch vorstelle, liegen innerhalb der Grenzen des historischen Himalaya-Fürstentums. Ich hätte es also »Kaschmir« betiteln können. Doch dieses Kaschmir gibt es nicht mehr, nur noch in Bruchstücken. Sicher sind auch sie immer noch schön und großartig genug. Man nimmt gern vielerlei Mühen auf sich, um sie einzeln kennenzulernen. Aber den Blick für das Ganze konnte ich nie gewinnen. Ich habe nie wirklich begriffen, wie nah Baltistan und Ladakh beieinanderliegen, selbst wenn ich sie aufeinanderfolgend besuchte. Für mich waren sie immer unerreichbar weit voneinander entfernt, nicht getrennt durch den Indus, sondern durch weite, ermüdende Umweg-Reisen durch den Subkontinent.

Es ist nicht mangelnder Respekt angesichts der tragischen Situation Kaschmirs, wenn ich mir, ganz egoistischer Reisender, das Land befriedet erträume. Ich träume davon, wie ein Teilnehmer früherer Expeditionen von Srinagar aus zum Nanga Parbat zu wandern. Ich würde mir wünschen, daß »Indisch-Kaschmir« nicht mehr einem Heerlager gleicht, keine endlosen, dröhnenden Militärkonvois mehr Ladakh entzaubern und die riesigen Sperrgebiete in beiden Staaten für Fremde wieder zugänglich werden. Es würde Frieden bedeuten. Kaschmir braucht endlich Glück.

Weite hinter den Mauern

Vom Nanga Parbat über die Deosai-Ebene nach Skardu

23. Juli

Eine Weile beobachte ich nun schon den eigenartig hellen Fleck in der linsenförmigen Wolke hoch am Himmel. Er bleibt starr, während sich die Wolke um ihn herum laufend verändert. Eine Vermutung schießt mir durch den Kopf – ich schiebe sie gleich wieder weg. Nein, so hoch kann kein Berg sein. Doch die Wolke zieht sich zusammen, driftet nach unten und läßt eine winzige, firngekrönte Pyramide sehen – weiß und unvorstellbar hoch. Ein Trugbild, nicht mehr von dieser Welt? Kurz darauf schließt sich der Vorhang wieder, als hätte er schon zuviel offenbart. Ich habe den Gipfel des Nanga Parbat gesehen!

Eine Weile noch bin ich wie elektrisiert. Deutlicher ist mir nie klargeworden, wie hoch die gewaltigsten Berge der Erde wirklich sind. Siebentausend Höhenmeter trennen das brütendheiße Industal von der kalten Einsamkeit des Gipfels dort – ein Höhenunterschied, der sich bei so kurzer Distanz von nur 30 Kilometern auf der Erde nicht wiederholt.

Ruhig brummt unser Jeep über das Asphaltband des Karakorum Highway, Ulrike und mir inzwischen wohl vertraut. Vertraut auch die Warnungen vor den Bewohnern am Nanga Parbat, die man uns in Gilgit wieder mit auf den Weg gab. Ganz unbeeindruckt lassen sie uns dennoch nicht – zu übereinstimmend waren die Berichte über kriegsähnliche Zustände während der letzten Wochen.

Ob unser Vorhaben gelingt? Vom Rupal-Tal wollen wir über die Mazeno-Scharte ins Diamir-Tal queren und zum Indus hinunterlaufen.

Mögen hinter den Dersai-Bergen Staubstürme heulen – auf der Ebene entfaltet der kurze Sommer ein Blumenmeer.

Haushoch wachsen schwärzliche Eisdolche aus dem Schutt des Bazhin-Gletschers.

Warum habe ich nur immer dieses Magengrummeln, wenn es zum Nanga Parbat geht?

Abrupt wechseln Szene und Fahrgefühl, als wir auf die Straße nach Astor einbiegen: wie von der arabischen Wüste in einen südamerikanischen Canyon. Der Toyota tanzt einen Schutthang hinab, die Landschaft sehe ich nur als Film, der andauernd vor und zurück ruckt. In aberwitzigen Serpentinen stößt der achsbreite Pfad hinab zum Bett des Astor-Flusses, schwindelerregend tief unter uns. Ulrike neben mir schließt die Augen vor jeder Haarnadelkurve, wenn der Kühler ins Leere sticht und scheinbar widerwillig den wirbelnden Armen des Lenkers gehorcht. Nicht jede Kurve gelingt im ersten Anlauf; dann wird zurückgesetzt und rangiert, irgendwo zwischen Himmel und Erde. Wann heben wir ab? Unten erspähe ich einen Trümmerhaufen, der einmal ein Lastwagen war, kurz darauf, fast ein freundlicher Farbtupfer im graubraunen Schutt, einen himmelblauen Jeep, die Räder nach oben, wie ein hilfloser Käfer. Ulrike sagt schon lange nichts mehr, der Allrad heult im kleinen Gang, der Fahrer schwitzt.

Die Wände der lotrechten Schlucht rücken immer enger zusammen, vom Himmel bleibt nur ein Streifen. Oben in der brüchigen, ockerfarbenen Wand erspähe ich einen lächerlichen

Ritz, vielleicht ein längst aufgegebenes Steiglein. Es ist unsere Straße. Angst kriecht in die Knochen, die Reise wird zum Horrortrip. »Wildromantisch«, will ich Ulrike aufmuntern. Sie kann nicht darüber lachen. Diese Kerbe im lauernden Schutt, wie durch Axthiebe geschaffen, ist der gestaltgewordene Alptraum, außerhalb jeder Vorstellungskraft. Wie kann man Straßen an Hänge kleben, die zuvor nicht einmal von einer Maus gequert werden konnten? Immer öfter steigen wir aus und laufen, die heimtückischen Schotterhänge nicht aus den Augen lassend. Irgendwo vor uns poltert eine Steinlawine zu Tal, die Staubwolke quillt um die Biegung. Anhalten, warten, lauern, rennen. Zu Fuß kann man den Kanonaden halbwegs sicher entkommen.

»Roadblock.« (Straße blockiert.) Der Raupenfahrer ist geübt. Er braucht nicht einmal eine halbe Stunde, um den Schutt von oben nach unten zu befördern. Das bröckelige Sims der Straße ist nichts weiter als ein menschengemachter Zwischenstopp auf dem Weg, den die Schwerkraft vorschreibt.

Kurz darauf der nächste Stopp. Drei Soldaten schaufeln, vier weitere sehen zu. In Wellen orgelt ein Staubsturm durch das Tal wie durch eine Düse. Dreck kriecht in jede Pore. Wir marschieren weiter – bis zum nächsten Hindernis, und das wird uns wohl länger aufhalten. Ein Dutzend oder mehr Jeeps, Trecker, Pickups stauen sich vor der Stelle, wo die Straße weggebrochen ist. Offenbar eine Dauerbaustelle. Das Militär hat sich in den Berg »gekrallt«, mit Zeltplanen und Blechbaracken. Eine Kolonne arbeitet fieberhaft mit Hacke, Spaten und bloßen Händen. Zwei Männer beobachten den Hang und warnen mit ihren Trillerpfeifen vor immer neuem Steinhagel. Irgendwann arbeiten alle mit, Passagiere und Militär, buchstäblich Hand in Hand. Jeder will nach Haus, keiner die Nacht in dieser steinespuckenden Schlucht verbringen. Sie wuchten Felsbrocken, schieben Sand und Geröll, drücken Steine in den klaffenden Rand der Straße – ein zermürbender Kampf gegen einen gigantischen Schutthaufen.

Im letzten Tageslicht tastet sich ein Militärjeep steinweise, lochweise über das haarsträubende Provisorium. Die Felsstücke wackeln wie morsche Zähne, brechen aber nicht aus.

Beifallklatschen, Johlen, Händeschütteln, Kniefälle mit hastiger Danksagung gen Mekka. Danach rennt jeder zu seinem Fahrzeug, Motoren heulen – bloß weg hier.

Gegen Mitternacht sind wir in Astor, todmüde und entnervt. Unser Fahrer schlüpft in einer der stockdunklen Gassen bei Verwandten unter; wir stellen das Zelt auf der nächstbesten Wiese auf. Feiner Regen trommelt auf die Dachhaut.

24. Juli
Der Kontrast könnte nicht größer sein zwischen der düsteren Anfahrt und dem freundlichen Bild an diesem frischen, klaren Morgen. Hatten wir gestern nur einen bösen Traum gehabt?

Um uns herum Wiesen mit leuchtenden Blumen, Gemüsegärten, saftiggrüne Gerstenfelder, Pappeln und Weiden. Der Ort selbst wirkt anheimelnd durch zahlreiche Holzhäuser, vor allem aber durch seine schöne Lage auf einem Bergrücken. Eine freundliche grüne Insel.

Sind die Steinsalven in der Astor-Schlucht verraucht, heißt es rennen und beten.

Früher kamen Engländer hier vorbei, wenn sie von Srinagar aus über den Burzil-Paß nach Gilgit hinaufzogen, ihrem nördlichsten Vorposten. Heute ist Astor das wichtigste Dorf im Bereich der Grenze zwischen Pakistan und Indien.

Im winzigen Basar ergänzen wir unsere Vorräte durch etwas Gemüse und Obst, genug für eine Woche. So ausgerüstet klettern wir wieder in unseren Jeep für die nächsten 30 Kilometer hinauf zur Ortschaft Tarsching (3.000 m). Nach einer Stunde Rüttelei durch den Rupal-Canyon, über Schneereste und durch Bachbetten haben wir endgültig genug, steigen aus und schicken den Fahrer mit unserem Gepäck voraus.

Mühselig zum Befahren, ist die Jeepspur als Wanderpfad doch schierer Genuß. Auch wenn der Nanga Parbat mit seinen Trabanten bereits

wieder von grauen Wolken verhängt ist, erfreut uns das Rupal-Tal mit einer canyonartigen Schlucht, Feldern, Wiesen und Weilern. Die Vegetation wird zusehends üppiger, je höher wir steigen. Wie bunte Tupfer die Frauen im hüfthohen, sattgrünen Getreide. Die Entfernung ermutigt: Hin und wieder erhebt sich scheu eine Hand und erwidert unseren Gruß. Die wenigen Ortschaften ducken sich ins Tal. Niedrige Lehmbauten mit flachen Grasdächern sind in die Felder gestreut, kniehohe Feldumrandungen aus lose geschichteten Feldsteinen, schüttere Wäldchen, weidende Pferde und Schafe, Rauch über den Hütten. Alles ist voll Leben und doch so ruhig.

Die Wolken hängen tief über spärlich bewaldeten Bergrücken. Hin und wieder schimmern Eisflächen durch Wolkenfetzen. Sprühregen weht wie ein Schleier ins Tal hinunter.

Die Froschperspektive degradiert die Rupal-Flanke fast zum Alpenberg.

Friedvolles Leben zu Füßen des Königs der Berge.

Immer noch sind wir unentschlossen über unseren weiteren Weg. Nach allem, was wir erfahren, sind die Stämme im Schatten des Nanga Parbat miteinander verfeindet und im Umgang miteinander nicht zimperlich. Die eigene Welt endet am Paß zum Nachbartal, dahinter beginnt das Reich des Bösen. Möglicherweise entzünden sich die Streitereien aber auch an von Expeditionen mitgebrachten Trägern, die den angestammten Bewohnern des Tales eine Verdienstmöglichkeit nehmen. Bereits die deutsche Nanga Parbat-Expedition von 1934 wurde verpflichtet, ihre Pferde und Träger jeweils an den Grenzen eines Distriktes zu wechseln. Sie kamen von Srinagar herauf, und es galten Kaschmirs »Mountaineering Rules« (Bergtour-Regeln).

Unseren Jeep finden wir am Ende der Straße wieder, vor der Schule von Tarsching. Der Fahrer hat unser Kommen offenbar angekündigt, jedenfalls erwartet uns ein Dutzend Kinder in Erwartung irgendeiner Abwechslung. Von nun an sind wir nicht mehr allein, jede Bewegung wird aufmerksam verfolgt. Zu allem Überfluß komplimentiert uns der Lehrer in einen halboffenen, stallähnlichen Anbau.

»You sleep here« (Ihr schlaft hier).

Auf der nackten Erde liegt etwas Stroh, sonst gibt es nichts. Ich bringe es nicht fertig, den fürsorglichen Mann zu enttäuschen, auch wenn wir im Zelt gern dem Dutzend lauernder Augenpaare entkommen wären.

25. Juli

Wir begraben endgültig unser Vorhaben einer Nanga Parbat-Umrundung. In Tarsching wären Träger zu gewinnen, die mit uns bis ans Ende der Welt laufen würden, aber nicht über

Karawanserei in Chillim – wilde Gesichter in einem wilden Land.

die Mazeno-Scharte ins benachbarte Diamir-Tal. Also den ganzen Weg zurück? Noch einmal durch die Astor Schlucht? Langsam formt sich ein Gedanke und wird immer verlockender.

»Natürlich! Wir laufen nach Skardu, über die Deosai-Ebene.«

Jahre vorher hatte ich von einem Weg über dieses geheimnisvolle Hochplateau gehört.

Aber nie war Genaues zu erfahren gewesen. Auch jetzt bekommen wir keine brauchbaren Auskünfte von der Bevölkerung, zu unbekannt ist offenbar dieses Gebiet. Die Marschtage werden mal mit zwei, dann wieder mit zwölf angegeben.

»Bis nach Chillim im Süden könnt ihr noch fahren. Dort mietet ihr Pferde und lauft los.« Wir verpflichten unseren Fahrer, bis morgen zu warten und uns dann nach Chillim zu bringen. Zuvor wollen wir die berühmte Südansicht des Nanga Parbat erkunden und ziehen mit Esel und Treiber hinauf zur Rupal-Flanke. Esel sind das gängige Transportmittel am Nanga Parbat. Schwerbepackt tippeln die Grauen mit Hufen nicht größer als Kinderfäuste klaglos und trittsicher über schwieriges Geröll, wie jetzt über den schuttbeladenen Tarsching-Gletscher nach Rupal. Hier endet der menschliche Lebensbereich für den größten Teil des Jahres; die versprengten Siedlungen höher oben sind lediglich Sommerweiden.

Ein enges grünes Tal führt zum Bazhin-Lager (3.650 m), unmittelbar am Südostpfeiler des Berges. Von hier führt die schwierigste Route zum Gipfel hinauf – ein Leidensweg von viereinhalbtausend Höhenmetern. Riesengroß der Kontrast: hier die Idylle einer schmalen Weide, wo das Gras warm und feucht riecht, wo Pferde grasen, Bäche glitzern, Bäume Schatten spenden und Blumen das Auge erfreuen; dahinter die abweisende, erschreckend steile, eisdurchsetzte Wand. Hier beglückendes Leben, dort kalte Leblosigkeit und gleichzeitig doch magische Herausforderung. »Nackter Berg« nennen ihn die Bewohner der Gegend, Nanga Parbat. Wir sitzen im Gras und sehen dem Wolkenspiel zu, das in schneller Folge Wand und Gipfel verschluckt und wieder freigibt.

Wie eine Mauer begrenzt die leblose Seitenmoräne des Bazhin-Gletschers die verwunschene Oase. Steinmännchen weisen eine gangbare Querung über den zerrissenen schuttbedeckten Gletscher, ein Hindernislauf über einen gerippten, löchrigen, pockennarbigen Eisstrom. Spaliere von schwärzlichen Eistürmen wachsen wie Dolche aus dem Geröll, Schmelzbäche schürfen schimmernde Eiscanyons aus.

Vom Scheitel des Gletschers blicken wir auf einen sattgrünen, ebenen Talkessel hinab, die Tap-Alm: ein Wäldchen, zimmergroße Blockhaushütten, weidende Pferde und Dsos. Beim Näherkommen zeigen viele der Bäume verkohlte Spuren schwerer Berggewitter, bei denen Blitze wie Hämmer vom Himmel fahren.

Knapp neben der Wandflucht steht ein Mannschaftszelt, davor hocken einige Hirten mit Helfern einer Expedition. Der Begleitoffizier zeigt in die Wand:

»Vier Amerikaner. Endgültig ihr letzter Versuch – schon der fünfte. Die Genehmigung wurde verlängert, weil das Wetter so schlecht war. Immerzu Stürme. Hoffentlich kommen sie heil zurück.«

Er geht ins Zelt und kommt mit einem Fernglas zurück. Aber auch mit bloßem Auge sehe ich die vier Gestalten im unteren, noch leichten Wandteil, wie sie mit weit ausgreifenden Schritten schnell an Höhe gewinnen. Meine Augen folgen den gewaltigen Südabstürzen bis hinauf zum schartigen Gipfel. Die Rupalflanke mit ihrer dünnen, durch Felspfeiler unterbrochenen Eisverkleidung gilt als die höchste Steilwand der Erde. Doch aus meiner Froschperspektive wird mir ihre wahre Dimension nicht anschaulich. Ich versuche, mir mit Vergleichen zu helfen, multipliziere die Höhe von Alpenwänden. Es hilft nichts – was sollen zweieinhalb aufeinandergetürmte Eigernordwände? Vor allem aber fängt diese Wand in Höhe des Eigergipfels erst an und endet irgendwo im Himmel. Um wirklich zu verstehen, wie hoch der Nanga Parbat ist, muß man ihn besteigen. Wir sitzen mit den Hirten im Kreis – würdevolle, zurückhaltende Männer, Gestalten wie aus dem Alten Testament. Ein betagter Mann spinnt Wolle, die so schwarz und kraus ist wie sein Bart. Immer wieder schaut er zu den Bergsteigern hinauf, fährt die Wandflucht mit den Augen ab. Was mag er über Fremde denken, die sich dem »Diamir«, dem »Thron der Götter«, nähern?

Seit Tagen schon fällt mir die große Ähnlichkeit aller Gesichter hier auf, als hätte sich im Schatten dieses Berges, in der Abgeschlossenheit seiner Täler eine eigene Rasse herausgebildet: holzschnittartig strenge Züge, lang und schmal die Köpfe, durch Rollmützen noch betont, kräftige Nasen mit breitem Höcker. Inzucht ist sicher weit verbreitet, und der Anblick der Schwachsinnigen in den Dörfern war bedrückend.

»Kennt jemand den Weg nach Skardu?« frage ich in die Runde. Verneinendes Kopfschütteln,

Seite 84/85: Jenseits des Chachor-Passes glauben wir uns nach Alaska versetzt.

Die Deosai-Ebene, von Menschen gemieden – eine Art Niemandsland zwischen Pakistan und Indien.

nur der Alte erinnert sich: »Oben in Latobo gibt es einen Mann, der war mal dort, vor vielen Jahren. Fragt nach Far-as-Khan.«

Zum Abschied nimmt er meine Hände und hält sie lange, als wolle er sich vergewissern, wie warm die Hände des Fremden sind.

»Salam aleikum.«

Nach kurzem Weg durch die sattgrüne Hochalm schlagen wir unser Lager neben einem Quellflüßchen auf, nah am Fuß der alles beherrschenden Rupalwand. Noch sind wir ganz allein, aber wir bleiben es nicht. Die nächsten Hütten liegen ein gutes Stück talauf, doch

Kinderaugen überbrücken wohl jede Entfernung. Zutraulich, aber unaufdringlich stehen die Kleinen plötzlich da und sehen uns zu. Wir haben ein paar Kekse, die sie still und mit großem Ernst genau aufteilen, bis hin zum Kleinsten auf dem Arm. Ich denke oft, daß es hier keine Kinder gibt, nur kleine Erwachsene.

Eine kleine, rauhe Hand schiebt sich in meine und zieht mich davon. Es hilft nichts, wir müssen mit hinauf zu den Hütten und zu den Eltern, die uns mit Lassi (Sauermilch) beköstigen. Hier treffen wir Far-as-Khan, einen dicklichen Mann von vielleicht 25 Jahren mit gutmütig rundem Kindergesicht. Seine Leibesfülle hätte uns zu denken geben sollen, und in der Tat sollte er einen Appetit entwickeln, der unsere Vorräte wie Butter an der Sonne schmelzen ließ. Immerhin, er gibt vor, den Weg zu kennen, und will uns begleiten.

Mit dem Licht schwindet auch die anheimelnde Idylle des Tales. Kalt streicht die Luft von den Gletschern herunter, der Mazeno Peak am Talschluß verfärbt sich blauschimmernd und abweisend. In der Rupalwand zerklatschen Steinsalven – hohl, drohend, gefährlich. Ich liege lange wach und spüre durch die Zeltwand die ungeheure Wucht der Rupalwand. Ihre Nähe ist erdrückend.

26. Juli

Pünktlich zum Frühstück, als hätte er hinter irgendeinem Felsen gelauert, taucht Far-as-Khan auf und läßt sich nicht lange bitten. Zu allem Überfluß bringt er noch einen Freund mit, der uns wenig, ihn dafür umso mehr unterstützen wird – beim Essen.

Unser Rückmarsch ist ein Spaziergang von Einkehr zu Einkehr. Vielleicht liegt es am strahlenden Wetter, jedenfalls werden wir überall eingeladen und zuvorkommend bewirtet – hier mit Lassi, da mit Tee, dort mit Tschapattis und Eiern. Keiner der Gastgeber läßt es sich nehmen, uns ein Stück weit zu begleiten, und so zieht bald eine fröhlich schwatzende Schar hinunter ins Dörfchen Chorit. Unser treuer Jeepfahrer wartet hier schon, die Bergbauern verabschieden uns wie alte Freunde, und auch der wohl unvermeidliche Streit mit dem Eseltreiber ist schnell ausgestanden. Lauernden Blickes fordert er ebenso hartnäckig wie vergeblich den doppelten Preis, kann nicht begreifen, daß unser Reichtum Grenzen hat.

Es dunkelt bereits, als wir uns wieder einmal in den Jeep zwängen – wie immer gibt es in letzter Minute noch zusätzliche Mitfahrer. Drei Stunden dauert die Fahrt das Kirim-Tal hinauf, dann hält der Fahrer vor einer Reihe flacher, aneinandergesetzter Steinbaracken.

»Chillim. Road ends. Hotel.«

Er zeigt auf eine rohe Holztür. Als ich sie öffne, stehe ich in einem schmutzigen Schlafsaal. Wie eine Keule trifft mich Gestank, als hätten sich alle Gerüche Pakistans zwischen diesen

vier Wänden verdichtet. Reihen doppelstöckiger Pritschen verdecken die Wände, vielleicht dreißig Männer liegen Schulter an Schulter. Schnarchen, Husten, Flüstern. Im Licht einer blakenden Petroleumfunzel sitzen zwei Männer mit kohlschwarzen Augen und Bärten am Boden. Um Stirn und Kopf sind nachlässig Tücher geschlungen, wie verrutschte Turbane. Ihr finsteres Aussehen täuscht – zuvorkommend werden sofort schlafende Körper weggerollt und wir in die Zwischenräume komplimentiert:

»Please.«

Ulrike raunt mir zu: »Vergiß die Flohbucht, wir schlafen im Zelt«, und unter höflichen Verbeugungen entziehen wir uns verständnislosen Blicken.

27. Juli

Der Zufall hat uns in eine andere Welt gespült. Vergessen der Nanga Parbat mit seinen Gletschern, Steilabstürzen und Schluchten; um uns herum gemächlich ansteigende Wiesen, die Bergkämme selbst hell und verkarstet, wie in südeuropäischen Gebirgen. Die wilden Gesichter unter den Turbanen – ich fühle mich zu den Turkvölkern Zentralasiens versetzt.

Pferde und Treiber gibt es genug in dieser Karawanserei, aber keine der abenteuerlichen Gestalten will mit uns kommen. Genaues erfahre ich nicht, doch vermutlich stehen sie alle in Diensten des Militärs und sorgen für den Nachschub. Sie führen schwer bepackte Pferde nach Süden, in Richtung Burzil-Paß. Keine dreißig Kilometer entfernt verläuft die Waffenstillstandslinie zwischen Indien und Pakistan, eine der spannungsreichsten und bestbewachten Grenzen der Welt. Wir fassen uns in Geduld, und am späten Nachmittag taucht Far-as-Khan endlich wieder auf, gefolgt von einem Packpferd nebst freundlichem Treiber.

In sanften Kehren zieht sich ein breiter Weg zwischen Wiesen dahin, auf denen alpine Blumen farbige Feuerwerke abbrennen. Solche Üppigkeit kenne ich nicht einmal aus den Alpen. Es scheint, als sollte die lebensfeindliche Öde der Indusregion hier oben ausgeglichen werden.

Mit jedem Schritt bergan taucht der Nanga Parbat, jetzt schon weit im Norden, höher aus der Ebene auf. Am Wegrand liegt eine Handvoll zweistöckiger Häuser: unten lehmverschmierte Bruchsteinmauern, auf dem flachen Dach ein zimmergroßes Blockhäuschen aus groben Stämmen. Keine freundliche Neugier wie bisher – die Bewohner sind zurückhaltend, fast scheu, betrachten unsere kleine Gruppe wie fremde Wesen.

Etwas Geheimnisvolles liegt über dem Land, eine Stimmung, die weder freundlich noch feindselig ist. Warum leben hier nicht mehr Menschen? Alles ist grün, weder drohen reissende Bäche noch lawinenartige Felsstürze. Und doch sehe ich keine Felder. Aber plötzlich zeigt sich die Kehrseite dieses Paradieses. Es wandelt sich zur Hölle: Die feuchten Wiesen sind Lebensraum für Myriaden von Mücken, die uns in Schwärmen attackieren und blutig stechen. Wir schlüpfen in feste Regenkleidung wie in eine Rüstung und ziehen Kapuzen und Handschuhe über, auch wenn wir unerträglich schwitzen.

Einen brauchbaren Lagerplatz finden wir nicht. Alles besteht aus Hängen, Mulden, Höckern, dazwischen versteckt kleine Wasserläufe und Sümpfe. Wir quetschen das Zelt in eine halbwegs trockene Rinne und kochen Tee. Unter uns am Hangende liegt auf einer kahlen Bergschulter ein Dorf mit einem Dutzend flacher Lehmhäuser. Drei Kinder kommen den Hang heraufgestapft, Gras und leuchtende Blumen reichen ihnen bis zum Bauch. In einiger Entfernung bleiben sie stehen. Ich erkenne zerstochene und verbeulte Gesichter, eiternde Wunden an den Händen. Wolken von Mücken umkreisen die kleinen Gestalten, aber sie machen nicht einmal mehr den Versuch, sich zu wehren.

So sieht also dieses vermeintliche Paradies aus – dieses Land schenkt niemandem etwas. Es scheint seine Bewohner fortwährend vertreiben zu wollen, gönnt ihnen bestenfalls eine Nebenrolle.

Vor dem Himmel des verlöschenden Tages zeichnet sich dunkel die Silhouette des Nanga Parbat ab. Riesengroß und einsam steht er da, wie ein Schiff auf einem Meer unbedeutender Gipfel. Jetzt erst, aus der Entfernung und in einer Höhe von etwa viertausend Metern, begreifen wir die Wucht dieses Gebirgsstockes, des Diamir, des Königs der Berge. Wie mit einem Paukenschlag endet hier im Westen der »Große Himalaya« und stürzt siebentausend Meter hinab zum Bett des Indus. Von nun an kann dieser Fluß, der bedeutend genug ist, einem Subkontinent seinen Namen zu geben, den Lauf nach Süden zum Arabischen Meer aufnehmen.

28. Juli
Im klaren Morgenlicht überschreiten wir den Chachor-Paß (4.600 m). Der Blick macht sprachlos – Landschaft und Licht, alles ist plötzlich so anders. »Alaska«, entfährt es Ulrike. Die weite, wellige Ebene unter uns, eingefaßt durch einen Kranz feingezackter Berge am Horizont, glasklare Seen, die das Blau des Himmels einfangen, grüne Hügel mit Schneeresten gesprenkelt, funkelnde Wasseradern inmitten sumpfiger, blumiger Wiesen und schließlich die Mücken, die uns nicht mehr zur Ruhe kommen lassen – wie im Innern Alaskas präsentiert sich eine Natur, die nach langem Warten für einen kurzen Zeitraum explodiert.

In manchen Jahren ist die gut 4.000 m hohe Deosai-Ebene, die etwa 65 Kilometer in der Breite und 80 Kilometer in der Länge mißt, neun Monate lang mit Schnee und Eis bedeckt. Aber selbst während der kurzen Sommer ist sie ein gefürchtetes und gemiedenes Gebiet. Wir waren gewarnt worden: Unvermutet könnten Stürme losbrechen, schwerste Gewitter und Hagelschauer fordern immer wieder Opfer.

Allmählich fällt die Anspannung der letzten Tage von uns ab. Der Wechsel von der beklemmenden Enge mancher Täler zu einem Panorama, in das man hineingehen kann, ist wohltuend. Die Augen sind so viel Weite nicht mehr gewohnt, diesen hohen Himmel über einem baumlosen, riesigen Plateau, auf dem keine markanten Orientierungen zu finden sind. Unwillkürlich blicke ich zu Boden, als böte er den Augen besseren Halt.

Die tiefe Ruhe, die über der Ebene liegt, überträgt sich; mit jedem Schritt schöpfe ich Kraft. Eine ungewöhnlich klare Luft hebt Entfernungen auf, verwirrt die Sinne, wie ich es auch von der Sahara her kenne. Der Hügel dort, er scheint ganz nah – und doch laufen wir bis zu seinem Fuß einen halben Tag durch zentralasiatische Hochsteppe.

Scheu betrachten uns die Bewohner – Geheimnisvolles liegt über dem Land.

Eine Staubwolke kündigt sie schon von weitem an: vier Reiter mit umgehängten Gewehren, Gestalten, wie sie Karl Mays Phantasie entstammen könnten. Der übliche Austausch des Woher, Wohin, und bald darauf verlieren sie sich schon als dunkle Punkte in der Ferne. Es sollte die einzige Begegnung an diesem Tag bleiben.

Die wahren Herren in diesem menschenleeren Gebiet sind riesige Murmeltiere, so groß wie mittlere Hunde. Mit gellenden, mißbilligenden Pfiffen aus zornig aufgeblasenen Backen werden wir der jeweils nächsten Sippe angekündigt. Ein mutiger Wächter hält auf seiner Burg die Stellung, sorgfältig alle Richtungen absichernd. Bis auf sechs, sieben Meter kann ich mich gegen den Wind mit der Kamera heranrobben, dann klappt auch er zusammen, läßt noch ein dickes Hinterteil sehen und verschwindet gelassen im Bau.

In der Nähe eines glasklaren Flusses, der sich flach und vielarmig verzweigt, errichten wir unser Lager für die Nacht. Der Abend verläuft friedlich: Das Pferd grast auf fetter Weide,

Ulrike schreibt Tagebuch, ich kämpfe einen aussichtslosen Kampf gegen die Mücken. Far-as-Khans ungezügelter Appetit treibt ihn an den Bach. Aus meinem Skistock, ein wenig Schnur und einem Stück Draht hat er sich geschickt eine Angel gebastelt und bringt nach kurzer Zeit eine Handvoll herrlichster Forellen herbei, die er mit viel Fett und Hingabe sogleich verputzt. Daß die Tschapattis ab sofort penetranten Fischgeschmack haben, stört offenbar nur uns.

29. Juli

Flimmernde Luft, mit dem Licht wechselnde Farben, Blumen, Hügel, Murmeltiere – der Tag bringt keine neuen Eindrücke, und doch gibt dieses stundenlange Geradeausschreiten tiefe Befriedigung. Wie durchsichtig die Luft hier ist, sogar jetzt noch, am späten Morgen! Ein eigentümlicher Zauber liegt über dem Land. Der Pfad verläuft jetzt hart am Fuß der Deosai-Berge, die die Ebene wie ein Schüsselrand gegen das zweitausend Meter tiefer gelegene Industal abriegeln.

Ein letztes Aufglühen der Wiesen, Abschiednehmen vom Horizont, und dann tauchen wir hinter dem Ali Malik-Paß (4.400 m) wieder ein in die Vertikale, in enge Schluchten mit stürzenden Hängen. Das Satpara-Tal führt nach Skardu hinunter. Bald darauf halten uns Straßenarbeiter auf, Baumaschinen blockieren den Weg. Talabwärts wird heute gesprengt. Das Pferd scheut, als der Donner durch die Schlucht rollt und sich an Felswänden bricht.

Ein schmutziggrauer Lawinenrest wölbt sich über dem jetzt schon reißenden Fluß: die einzige Möglichkeit zur Querung. Vorsichtig führen wir das Pferd über die beängstigend dünn geschmolzene Schneebrücke. Dann laufen wir in die Nacht hinein, Stunde um Stunde auf grobem Gestein.

In der Dunkelheit zeichnen sich spitze Gipfel wie bedrohliche Mauern ab. Schweigend geht jeder für sich, eingehüllt in Dunkel. Vor mir der beruhigende Klang des Hufschlags – nächtliches Dahingehen als Urform der Meditation. In einem Dorf am Wegrand finden wir ebenen Grund, genügend groß für Schlafplätze. Müde rollen wir uns unter Aprikosenbäumen auf die Erde und schlafen auf der Stelle ein.

30. Juli

Hoch am Hang zieht der Weg bequem dahin, wie Einsprengsel die kleinen Dorfanlagen mit ihren Terrassenäckern. Immer breiter wird der Talboden, verwandelt sich allmählich in eine Schwemmlandebene, bis ihn schließlich ein großes, grünschimmerndes Gewässer inmitten karstiger Berge ausfüllt: der Satpara See, kühles Ausflugsziel in Skardus steinigem Hinterhof. Im staatlichen Gasthaus lassen wir uns das Frühstück gleich zweimal servieren, so ausgehungert sind wir.

Skardu hat sich nicht verändert: derselbe Gestank, derselbe Dreck, derselbe Wind. Und doch ist es fast wie ein Heimkommen, als wir im Basar vertraute Gesichter wiedersehen und in unserem geliebten K 2-Motel alte Bekannte begrüßen. Die Reise endet ähnlich, wie sie begann. Dicht gedrängt im Minibus rumpeln wir 180 haarsträubende Kilometer hinüber nach Gilgit. Der Karakorum Highway ist ein vergnüglicher Boulevard mit hübscher Aussicht gegen die Sharah-e-Skardu.

Denn die Indusschlucht ist hier so unheimlich, so wild, so feindselig, daß sich selbst die hartgesottenen Baltis früher kaum über den schmalen Fußpfad trauten. Gähnende Abgründe waren mit dünnen Hölzern überbrückt. Im Winter gefroren die Wasserfälle zu neunhundert Meter hohen Eiskaskaden.

»Was sind das nur für Berge? Der einzige Rat, den ich geben kann, ist: hier keine Straße zu bauen.« Soweit ein schwedischer Ingenieur, den man zur Beratung herangezogen hatte. Trotz größter Schwierigkeiten wurde die Sharah-e-Skardu 1978 mit Mut und Können fertiggestellt und schloß das vergessene Baltistan an die Welt an.

Kurzinfo

Eine abwechslungsreiche, spannende Rundtour, die in nur 8 Tagen außerordentlich viel vom Land zeigt. Anders als bei einer klar vorgezeichneten Trekkingtour hatten wir hier, verstärkt durch die enormen Kontraste, das Gefühl, eine wirkliche Reise zu machen. Natürlich sind Varianten möglich und vielleicht sogar noch schöner. Sollten akute Grenzkonflikte den Weg über die Deosai-Ebene versperren, so bietet sich von Skardu aus eine 5–6tägige Rundtour an, die zwar nur ein kurzes Stück über die Ebene führt, dafür aber vom 5.150 m hohen Burji-Paß aus mit einem unvergleichlichen Blick entschädigt auf die zentralen Karakorum-Gipfel einschließlich des K2 sowie in anderer Richtung den Nanga Parbat. Die Route folgt einem unbenannten Tal westlich der Satpara-Schlucht über den Burji-Paß auf die Deosai-Ebene, folgt ihr ein kleines Stück und kehrt via Satpara-See zurück. Achtung: großer Höhenunterschied in kurzer Zeit! Die von uns zunächst geplante Rundtour um den Nanga Parbat dagegen würde etwa so verlaufen:

1. – 3. Tag
Von Gilgit nach Latobo: Wie beschrieben.

4. und 5. Tag
Eventuelle Besteigung des anspruchsvollen Rupal Peak, 5.595 m. Eisausrüstung erforderlich, Zwischenlager. Einfach und an einem Tag zu besteigen ist der 5.108 m hohe Sumat Peak; beide Gipfel bieten phantastische Sicht in die Rupalflanke des Nanga Parbat.

Sonst 4. Tag
Von Latobo zum Mazeno-Basislager, 4 Stunden. Entlang des Rupal-Flusses führt der Weg ins obere Rupal-Tal zum Toshain-Gletscher, dann weiter auf einem Hirtenpfad an seiner Seitenmoräne entlang über die Hochalm Shaigiri zum Lagerplatz auf etwa 4.100 m. Schöne Blicke auf den blendend weißen Toshain-Gletscher, die Steilabstürze der Toshain-Gipfel und Rupal Peak.

5. Tag
Mazeno-Basislager zum Mazeno-Hochlager, 5 Stunden. Das Lager steht auf etwa 4.600 m Höhe; in alle Richtungen Sicht auf hohe Gipfel.

6. Tag
Vom Mazeno-Hochlager nach Loiba, 9 Stunden. Der anstrengendste Tag und gleichzeitig die Wende der Tour. Der Abstieg vom 5.386 m hohen Paß ist nicht unproblematisch, und die Bedingungen sind je nach Schnee- und Wetterverhältnissen sehr unterschiedlich. Steigeisen und Seil sind fast immer erforderlich. Im Schwierigkeitsgrad II steigt man die letzten 100 Meter (möglichst gesichert) zum Loiba-Gletscher ab, der sich nur für ein kurzes Wegstück weiß zeigt und bald wieder unter Schutt und Felsen begraben ist. Lager bei der Hochalm Loiba auf etwa 4.200 m.

7. Tag
Vom oberen Loiba zu den Loiba-Wiesen, 2 bis 3 Stunden. Ein bequemer und wunderschöner Abstieg ins Diamir-Tal, vorbei an Birken- und Kiefernwäldern, sattgrünen Wiesen, Hirtenbehausungen und Herden von Schafen, Dzos und Ziegen, dabei immer den Gipfel und die Westwand (Diamirflanke) des Nanga Parbat vor Augen. Lager in etwa 4.000 m.

8. Tag
Von Loiba nach Zangot, 4 Stunden. Zangot ist ein kleines Dorf am Fuß des Diamir-Gletschers, umgeben von Obstbäumen. Lager in 2.700 m.

9. Tag
Von Zangot nach Diamaroi, 4 Stunden. Man folgt dem Diamir-Fluß bis zur Mündung in den Bunar-Fluß. Hier liegt auf 1.750 m Höhe wie eine grüne Oase das Dorf Diamaroi, wo auf einer Wiese unter Walnußbäumen gecampt wird.

10. Tag
Von Diamaroi nach Bunar Bridge, 4 Stunden. Es gibt eine Jeepstraße nach Diamaroi, doch keinen regelmäßigen Verkehr. Früher Aufbruch ist empfehlenswert, denn der Fußmarsch führt hinab ins glühend heiße Industal. Von der Brücke am Karakorum Highway weiter per Anhalter.

Im Schatten des Nanga Parbat

Zum Basislager oberhalb der »Märchenwiese«

Schwarz hängt die Nacht über der Indus-schlucht, schwarz und bedrohlich wachsen dunkle Mauern in den Himmel – ich fühle sie mehr, als daß ich sie sehe. Feiner Sprühregen unterstreicht noch die Unwirtlichkeit dieses Ortes.

Eben hat uns der Bus aus Gilgit an der Rakiotbrücke (1.194 m) abgesetzt, und kurz darauf keuchen wir brutal steile Serpentinen hinauf – vor mir Ulrike, an der Spitze der Hunzukut Igbar als Träger. Ich bin froh über seine Begleitung. Zwar ist er noch nicht am Nanga Parbat gewesen, aber er ist ein erfahrener Hochträger, spricht etwas Englisch und freut sich auf eine neue Tour.

Gestern noch sind wir stundenlang kreuz und quer durch Gilgit geirrt, um einen oder zwei Träger für unsere geplante Umrundung zu gewinnen.

»Zum Nanga Parbat? Dahin gehen wir nicht Dort wohnen Leute, die Gewehre tragen. Die schießen auf alles, was ihnen fremd ist.«

Nicht gerade ermutigende Auskünfte!

Durch Vermittlung unseres Guesthouses kamen wir dann schließlich an Igbar und faßten gleich Vertrauen zu diesem großgewachsenen, dreißigjährigen Mann mit offenem Gesicht und einer feinen, liebenswürdigen Art.

Langsam weicht die Nacht einem fahlen konturenlosen Dämmer. Ulrike quält sich auf dem steilen Anstieg, bleibt oft stehen und ringt nach Luft. Dieses erste Wegstück über nackte Hänge ist das anstrengendste – weiter oben brauchen wir nur noch gemächlich einem Ta-

Morgenlicht auf den Nordabstürzen des Nanga Parbat-Massivs (links Nordgipfel, anschließend Silberplateau, Hauptgipfel und Ganalo-Kamm; dahinter liegt das Diamir-Tal

Anmarschwege zu den Basislagern des Nanga Parbat

ZEICHENERKLÄRUNG
- ▲ Gipfel
- ○ Siedlungen
-)(Pässe
- - - Anmarschwege
- — — Bergkämme
- Gletscher

Ramghat-Maharadscha-Brücke

Rakhiot-Brücke 1194m

Tato 2300m

Indus

Rakhiot

Bunar-Brücke 1050m

Astor 2345m

Marchenwiese

Diamir

Diamiral 1600m

Zangot 2400m

Kachal 3615m 4050m

3970m

▲ RAKHIOT PEAK 7070m

NANGA PARBAT 8125m

Tarishing 2911m

2653m

Bunar

Mazeno-Paß 5385m

M A Z E N O K A M M

3560m

Rupal 3155m

Rampu

Rupal

0   5   10km
Maßstab

zu folgen. Bei Tag werden diese Serpentinen zum Leidensweg, wenn die gnadenlos hochziehende Sonne auf die Hänge knallt, die Indusschlucht wie ein Ofenloch glüht und dazu über viele Stunden kein Wasser zu finden ist. Wir dagegen können jetzt immerhin ein wenig davon auffangen, wo es an überhängenden Felsen herabtropft.

Endlich ist die erste Steilstufe erklommen, und wir laufen hoch am Hang in eine steile Schlucht hinein. Es regnet heftig, und wir müssen auf dem fußbreiten, glitschigen Steiglein aufpassen, nicht auszurutschen und abzustürzen. Als der Pfad auf die gegenüberliegende Talseite quert und ohne Umstände in die Tiefe stürzt, rutschen wir stückweise auf dem Hosenboden hinunter und krabbeln drüben auf allen vieren wieder hinauf. Über uns kräuselt sich blauer Rauch von Holzfeuern, doch Häuser sehen wir nicht, so steil ist der riesenhafte Hang. Irgendwo poltert eine Steinlawine, hohl und hallend. Riesengroß fällt das Echo von den Wänden.

Nach neun Stunden Marsch weitet sich das Tal und bietet einer schmalen Dorfanlage Platz. Das muß Tato sein, unser Tagesziel. Etwas mulmig ist mir jetzt doch, als unser Häuflein mit gesenkten Köpfen an den ersten Treppenäckern vorbeigeht. Plötzlich stehen dort, wie aus dem Boden gewachsen, fünf Männer mit umgehängten Gewehren und schauen finster zu uns herab. Wir fühlen uns wie Eindringlinge – und werden behandelt wie Gäste. Ein Teppich wird auf der Erde ausgerollt, man bringt Tee und Tschapattis und als große Kostbarkeit ein Klümpchen Ziegenbutter. Wir ziehen die Bergschuhe von den Füßen und hocken uns im Schneidersitz auf den Gastteppich. Mir gegenüber thront ein alter Mann mit wuchtigem Kräuselbart und stechenden Augen. Dem Respekt nach, der ihm entgegengebracht wird, ist er der Lambardar. Er blättert in einer abgegriffenen Koranausgabe, liest einige Abschnitte und sieht uns dann wieder beim Essen zu. Dabei nickt er wohlwollend, und ein Lächeln huscht über sein wildes Gesicht.

Ein sauber gekleideter junger Mann kommt herbeigeschlendert. Gesicht und Gestik sind wie bei einem Großstädter. Dazu spricht er fließend Englisch. Wir erfahren, daß er der Sohn des Dorfältesten ist, Volkswirtschaft

Dem Fremden ein Willkommen (rechts Igbar, daneben der Lambardar mit seinem Sohn).

Brücken bleiben Provisorien – das nächste Hochwasser kommt bestimmt.

in Karachi studiert und die Semesterferien immer hier in seinem Heimatdorf verbringt. Mit einer Mischung aus Vorwurf und Verlegenheit sagt er:

»Es kommen selten Fremde zu uns, eigentlich nie.«

Ich verstehe nicht.

„Hier ziehen doch immer wieder Expeditionen herauf und machen Rast in Tato, oder?«

Verwundert schüttelt er den Kopf.

»Ihr seid nicht in Tato, hier ist Muthat. Tato liegt drüben, hinter diesem Berg.«

Er zeigt einen Hang hinauf, der sich oben in dunklen Regenwolken verliert. Ich sehe zu Igbar hinüber. Er zuckt nur mit den Schultern, steht auf und wirft sich den Rucksack über. Der Dorfälteste bedeutet ihm, sich hinzusetzen, und sein Sohn übersetzt:

»Mein Vater lädt euch ein, über Nacht seine Gäste zu sein. Morgen früh geht ihr mit Allahs Hilfe nach Tato.«

Ein freundliches Angebot, doch meine europäische Ungeduld ist groß. Ich will keine Zeit verlieren, bevor wir am Nanga Parbat sind. Und deshalb sage ich, wir wollten gleich weiter.

»Allein findet ihr den Weg nicht. Ich werde euch mit meinem Freund begleiten.«

Der Student sagt es ohne einen Anflug von Enttäuschung, holt sich noch eine Jacke, und

Schüttelt die Peri ihr Haupt, donnern Lawinen.

so stapfen wir wieder steile, rutschige Hänge hinauf. Mit dem letzten Tageslicht erreichen wir ein gemütliches Holzhäuschen, das den beiden Freunden gelegentlich als Jagdhütte dient.

Am anderen Morgen werden wir noch ein Stück begleitet und hoffen nun, den Weg selbst zu finden.

Weißlicher Nebel brandet aus dem Tal herauf und nimmt uns für eine Weile die Orientierung. Wir folgen auf undeutlichen Hirtenpfaden mehr dem Instinkt, und als die höher steigende Sonne den Nebel zerrupft, liegen im Tal unter uns ausgestreut kunstvoll angelegte Treppen-äcker. Hohe Stufen sind sorgfältig mit rohen

Feldsteinen befestigt, wie lange, gewundene Mauern. Die Hauswände im Dorf sind ge-schichtet, wobei zwischen waagerechte Baum-stämme jeweils eine Lage Steine eingepaßt ist. Auf den flachen Lehmdächern trocknen Reisigbüschel und kleine Stapel mit Feuerholz.

Hier und da hockt eine schwarzvermummte Gestalt in den Getreideäckern, ohne zu uns hinzusehen. Begegnet uns eine dieser Frauen auf den schmalen Wegen, bleibt sie stehen und dreht uns den Rücken zu, bis wir vorbeigegan-gen sind.

Die Männer finden wir im oberen Teil des Dorfes, nahe der Schule. Sie sind dabei, eine beschädigte Brücke zu reparieren, ohnehin nur

zwei nebeneinanderliegende Baumstämme. Auch hier sind wir wieder Gäste, man verwöhnt uns mit Eiern und Tschapattis, und wir dürfen auch gleich die fertige Brücke ausprobieren: Sie hält.

Oberhalb der Siedlung weht der Wind spitze, unartikulierte Schreie herab, die uns rätselhaft sind. Hinter einer Wegbiegung stehen wir dann vor einer bedrückenden Szene. Eine alte, klapprige Frau mit fuchtelnden Armen und eine Handvoll kreischender Kinder bewachen als lebende Vogelscheuchen winzige Felder fast reifen Getreides. Für Menschen, die sich an der Vegetationsgrenze von tischgroßen Äckern am Rande einer Schlucht ernähren, ist jeder Halm und jedes Korn zu kostbar, um mit Tieren geteilt zu werden.

Ein Junge schließt sich uns an, möchte uns bis hinauf zur Sommeralm begleiten. Er erzählt von wilden Hunden, die es da oben gäbe und die uns gefährlich werden könnten. Ich denke mir, daß er wohl Wölfe meint, und schenke dem nicht viel Beachtung.

Aus dem Industal quellen wieder dichte, naßkalte Wolken herauf, und mit dem Einbruch der Nacht beginnt es heftig zu schneien. Hier irgendwo muß die »Märchenwiese« sein, doch ich sehe fast nichts mehr. Ich bin dankbar für unseren kleinen Führer, der auch jetzt noch den rasch zugeschneiten Pfad erkennt.

Aber jetzt höre ich sie, erst noch weit weg, dann immer näher: die Hunde der Hirten. Wir alle stehen wie angewurzelt. Das Bellen klingt böse, aggressiv, nur unterbrochen von drohendem Knurren. Jemand schwenkt eine Laterne, schemenhaft zeichnen sich Hütten ab. Zwischen Junge und Laternenträger erfolgt über Rufweite hinweg eine längere Verhandlung. Endlich werden die Hunde zurückgepfiffen, die schon bedrohlich nah um uns herumstreichen.

Das Licht bewegt sich im Schneegestöber auf uns zu, und ich erkenne ein ebenmäßiges, würdevolles Gesicht. Der Mann nimmt Ulrike fürsorglich am Arm und führt uns in eine verqualmte Holzhütte, wo vier andere Männer um

Höchstpersönlich begleitet der Bürgermeister seine Gäste.

ein schwaches Feuer am Erdboden hocken und Tee schlürfen. Die Hunde schnüren um die Hütte, reiben sich an der Tür, balgen und knurren. Zum Austreten bekommen wir Geleitschutz und werden selbst noch mit kräftigen Knüppeln bewaffnet.

Es hatte vollständig aufgeklart und jetzt, im hellen Mondlicht, sehen wir ihn zum ersten Mal: den Nanga Parbat, den kalten Palast der Schneegöttin Peri. Zuerst bin ich wie betäubt von dem Anblick. Es ist eines jener Bilder, die man nicht vergißt. Alles ist so irrational und gleichzeitig so deutlich: die zwei stockbewehrten Männer in meinem Rücken, die Hütten, die halbwilden Hunde, das silbrige Mondlicht auf dem Neuschnee. Und vor mir die unvorstellbar hohe, weiße Mauer des Berges. Alle Sinne waren die letzten Tage auf den Nanga Parbat gerichtet gewesen, und er hatte sich nicht gezeigt. Jetzt ist es, als sei ein Vorhang weggerissen worden.

Wunderbar die Kegel des Rakiot- und des Nordgipfels, dazwischen der lange Wächtengrat, von dem der Höhensturm Schneefahnen heruntertreibt. Ich muß an Hermann Buhl denken und seinen legendären Alleingang zwischen Himmel und Erde. Es war eine Mondnacht wie diese, dazu windstill, als er als erster Mensch vom Gipfel zurückkam, von Erschöpfung und Halluzinationen gepeinigt. Unablässig sah er den silbrigen Grat vor sich, der sich dort oben in der Todeszone wie zur Unendlichkeit dehnte.

In der Hütte rollen wir uns nah an die verlöschende Glut. Kälte kriecht aus dem Boden.

Der Morgen ist klar und kalt, der Nanga Parbat liegt noch im eisigen Schatten. Der Winter kündigt sich früher als gewöhnlich an; für die Hirten sind es die letzten Tage hier oben. Sie werden nach Tato hinunterziehen und dort den langen Winter verbringen.

Auch für unser Vorhaben, den Nanga Parbat zu umrunden, ist es jetzt zu spät. Irgendwann werden wir wiederkommen, wollen jetzt aber doch wenigstens zum Basislager aufsteigen.

Unser Gastgeber für die Nacht ist der Lambardar, der es sich nicht nehmen läßt, seine Gäste zu führen. Erst 28 Jahre alt, ist er doch ein würdiges Oberhaupt. Jede seiner Bewe-

gungen und auch die Art, Anweisungen zu erteilen, verraten Gelassenheit, Güte und Kraft. Nie zuvor bin ich einem so jungen Menschen mit so starker Ausstrahlung begegnet.

Inmitten einer quirligen Ziegenherde folgen wir der Seitenmoräne des Rakiot-Gletschers. Unter uns der zerrissene Eisstrom, darüber blendend weiß und makellos die Nordabstürze des Nanga Parbat.

Auf einem Moränenhügel in 4.000 Metern Höhe rasten wir lange an der Gedenktafel für die verunglückten Teilnehmer der deutschen Nanga Parbat-Expedition von 1937. Vor uns eine schweigende, gefährliche Welt: weit ausladende Wächtensäume, zersägte Firnflanken, beinahe senkrechtes Riffeleis.

Wir sind gerade im Aufbruch, die Eisburgen glänzen trügerisch in der Mittagssonne, als die bronzene Gedenktafel leise, kaum merklich gegen die Felsen schlägt. Ein kleines Beben! Dann bricht ein weißes Inferno los. Von allen Bergen ringsum, wie an einer Sprengschnur entlang, stürzen mit dumpfem Grollen riesige Eislawinen in die Tiefe – ausgelöst durch diesen winzigen Erdstoß. Jetzt erst wird mir die ungeheure Höhe dieses Berges deutlich. In den Alpen hatte ich oft Lawinen gehört. Ehe man richtig hinsieht, ist es auch schon vorbei. Aber hier muß ich erst den Rucksack absetzen, die Kamera herauskramen, und die Lawine hat noch nicht einmal die Hälfte der Wand durchrast. Als sie unten ankommt, zerstäubt sie und quillt dann über die Moränenkämme auf uns zu – als harmlose weiße Walze, die uns einige Minuten lang in irisierenden Eisstaub hüllt.

Wir nehmen es als grandiose Abschiedsvorstellung. Der Nackte Berg hat einmal mehr seine ganze Gefährlichkeit gezeigt. Niemand hätte während dieser Augenblicke in einen Wandfluchten auch nur die geringste Chance gehabt.

Als wir zur Sommeralm zurückkehren, werden wir schon von allen Hirten erwartet. Sie haben für uns Tschapattis gebacken, und wir sitzen in großer Runde unter den Kiefern der »Märchenwiese«. Unsere gesamte Verpflegung lassen wir hier, und sie wird dankbar angenommen. Doch kein Geschenk ohne Gegengeschenk. Aus den unergründlichen Tiefen seines Mantels holt ein gebeugter alter Mann zwei weiße Bergkristalle hervor und drückt sie Ulrike in die Hand. Und unser kleiner Begleiter will mir unbedingt als Zeichen der Freundschaft seine Rollmütze schenken. Beschämt ob unserer ängstlichen Vorurteile ziehen wir aus dem Rakiot-Tal.

Kurz darauf, wir sind gerade wieder zu Hause, berichtet die Zeitung von einem Erdbeben mit 350 Toten in diesem Gebiet. Wir haben nie erfahren, ob unsere Gastgeber dazu gehörten.

Kurzinfo

Den Weg zur »Märchenwiese« zu verfehlen, wie es uns gelungen ist, dürfte heute schwerfallen. Aber sollte die Jeepstraße nach Tato und die geplante Lodge der »Shangri La-Kette« an der »Märchenwiese« inzwischen fertig sein, wäre etwas von dem Zauber, den wir noch erleben durften, dahin.

Vom Basislager des Nanga Parbat kann man westlich zum Fuß des Jiliper Peak aufsteigen, hier auf 4.200 m Höhe campieren und am nächsten Tag über den Jiliper-Paß (4.900 m) zum Gipfel (etwa 5.200 m) gelangen. Östlich bietet sich der etwa gleich hohe Buldar Peak als Aussichtskanzel an.

Noch eindrucksvoller ist eine Querung ins benachbarte Diamir-Tal und weiter über den Mazeno-Paß zur Rupalseite – alle drei berühmten Ansichten und Aufstiegsrouten zum Nanga Parbat während einer 16tägigen Trekkingtour!

Nachfolgend ist der Abschnitt zwischen dem Nanga Parbat-Basislager oberhalb der »Märchenwiese« und dem Fuß des Mazeno-Passes beschrieben, der aus dieser Richtung sogar einfacher zu überschreiten ist.

1. Tag
Vom Beyal Camp über einen kleinen Paß nach Saichee, Lager in 3.200 m auf einer Wiese.

2. Tag
Von Saichee nach Kadu Sagar. Durch Kiefern- und Birkenwald zur 4.000 m hoch gelegenen Sommeralm von Kadu Sagar, wo Schaf- und Ziegenherden weiden.

3. Tag
Von Kadu Sagar nach Kutgali (3.900 m), einem Unterstand der Hirten. Bei gutem Wetter Blick ins Diamir-Tal.

4. Tag
Von Kutgali ins Diamir-Basislager; von hier aus startete die Herrligkoffer-Expedition des Jahres 1962 zum Gipfel.

5. Tag
Vom Diamir-Basislager nach Kachal. Unterhalb hoher Felswände führt der Weg hinab zum Lager Kachal auf 2.500 m.

6. Tag
Von Kachal nach Loiba.
(Weiter siehe Kurzinfo zu »Weite hinter der Mauern«, Seite 90f.))

Die »Hängenden Gärten« von Hunza

Der Mann fällt auf die Knie, beugt sich über den Wassergraben und nimmt ein paar Schlucke vom milchigen Gletscherwasser. Elastisch wie eine Feder schnellt er wieder hoch und setzt seinen Weg fort, rasch und behende. Als er sich zu uns umdreht, blicken wir in ein Greisengesicht. Täuschung oder Realität? Es heißt, es gäbe kein gesünderes Volk auf der Welt als die Hunza. Siebzigjährige erzählen von ihren Vätern, die noch die Felder bestellen, Hundertjährige klettern zum Polospiel in den Sattel, und das Alter gilt hier als die »Jahre des Reichtums«.

Eine Insel der Glückseligen also, herausgelöst aus ihrer Umgebung, fernab dem Lauf der Dinge, lange Zeit vor der Welt verborgen – liegt hier am Ende gar Shangri-La? Was im Abendland der Gral, die Blaue Blume oder der Stein der Weisen, das ist in Asien der Shangri-La. Dieser Berg verheißt demjenigen Jugend, ein Leben ohne Krankheiten und ein Alter ohne Gebrechen, der die Eis- und Felswüsten Hochasiens überwindet und den geheimnisvollen Ort entdeckt. Die Welt vermutete den Shangri-La in Tibet. Die Sage stammt aber aus der Zeit, in der Tibet mit Hunza ein gemeinsames Königreich bildete. Könnte Hunza also wirklich Shangri-La sein? Vermutungen, Geheimnisse. Doch selbst dem vergleichsweise flüchtigen Blick des Reisenden offenbart sich, daß in diesem Tal tatsächlich vieles anders ist als bei seinen Nachbarn.

Ein Sonnenmorgen in Karimabad. Die Luft ist noch kühl, das Licht gläsern. Farben klimpern vor Frische. Wie Wächter über dem Tal stehen die Bergriesen drüben, der monströse Zuckerhut des Diran oder der scharfe Dolch des Rakaposhi, der nie aus dem Blickfeld entschwindet. Ein vorgeschobener Berghang – braun, zerfurcht, leblos, unterstreicht die Reinheit seines Schneegipfels. Dort wacht die Himmelsgöttin Peri, kontrolliert den Lauf der Welt und sucht sie gelegentlich heim.

Wir kaufen zwei, drei Hände voll getrockneter Aprikosen und brechen zu einer Tageswanderung in die Berge auf. Überall im Dorf begrüßt man uns so freundlich, als seien wir alte Bekannte. Charmante Mädchen fassen schnell Zutrauen, und gemeinsam verputzen wir unsere Wegzehrung, spülen gleich mit Gletscherwasser aus dem Kanal nach. Seltsam exotisch die schwarze Umrandung der Kinderaugen, die Böses fernhalten soll und den kleinen Gesichtern etwas Feenhaftes gibt.

Die Sauberkeit im Dorf ist auffallend, nirgendwo liegt Unrat herum. Die Böschungen neben den Kanälen sind mit Platanen und pfeilschlanken Pappeln befestigt, alles wirkt zweckmäßig und gepflegt. Auch die Menschen sehen sauber aus und scheinen frei von Hautkrankheiten, wie sie sonst bei mangelnder Hygiene häufig sind. Frauen begegnen uns, selbstbewußte junge und gebeugte alte, denen jede Minute eines arbeitsreichen Lebens ins Gesicht gegraben ist. Als Ismailitinnen (ismailitische Glaubensvorstellungen fußen auf der Lehre Zarathustras) tragen sie keine Schleier, sondern flache, mit Blumenornamenten bestickte Kappen, die das Gesicht noch hervorheben; gelegentlich ist ein luftiger Schal darübergeschlungen. »Krone des Glücks« wird diese Kappe genannt und kommt nur der verheirateten Frau zu. Dichte, schwarze Haare sind zu Zöpfen gebunden und umrahmen schöne Gesichter. Der Schnitt der Kleidung ist schlicht: Ein weites Hemd fällt über eine knöchellange Pluderhose. Doch die Stoffe sind fein gewebt und meist mit Blumenmustern verziert.

Boden ist knapp, und so sind die Häuser zweistöckig gebaut. Sie erinnern mich mit ihrem glatten Putz und den abgerundeten Ecken an die Atriumbauweise der Mittelmeerkulturen. Wenngleich sorgfältig gebaut, sind sie doch einfach. Zierat findet man nir-

Eine Ziegenhaut ersetzt das Butterfaß.

gends. Sichtbare Zeichen von Kultur, wie wir sie verstehen, gibt es nicht. Die Kultur der Hunzukut liegt in ihrer Lebensführung.

Ein gekerbter Baumstamm außen ersetzt das Treppenhaus zum Flachdach, das in der Mitte ein viereckiges Loch als Rauchabzug besitzt. In großen geflochtenen Schalen dörren dort oben Aprikosen in der Sonne, das »Gold der Hunzukut«. Wer einmal diese herrlich aromatischen Früchte gekostet hat, ist unwiderruflich verdorben und wird andere Aprikosen nur noch schal und fade finden. Die Kerne schmecken fast wie Mandeln: Einige unbekömmliche Sorten werden zu Lampenöl gepreßt.

Hauptsächliche Speise und Trank sind schnell aufgezählt: Brotfladen, etwas Gemüse, Aprikosen und Gletscherwasser, hier bezeichnenderweise Gletschermilch genannt. Karg und einseitig erscheint die Ernährung, ist aber, wie Untersuchungen gezeigt haben, ungeheuer reich an lebenswichtigen Stoffen. Feuerholz ist kostbar, doch beim Brotbacken wird der Mangel zur Tugend: Die Fladen werden bei geringer Hitze nur kurz gebacken, und die wertvollsten Stoffe des Korns bleiben erhalten. Es wird erst kurz vor Gebrauch gemahlen, alles soll frisch sein. Nahrungseinfuhr nach Hunza wurde auch immer abgelehnt. »Unsere Nahrung ist unsere Medizin.« Was Hippokrates einst postulierte, hier wird es gelebt. Ganz frei von Nebenwirkungen ist diese Medizin allerdings nicht: Rachitis, Arthritis und weiche Zähne plagen die Bergbauern im Alter.

Am Rande des Polofeldes, der größten ebenen Fläche in Karimabad, liegt das Jungengymnasium. Eine Gruppe Halbwüchsiger übt sich im Marschieren, heller Staub wirbelt um ihre grauen Schuluniformen. Kleinere Jungen hocken im Kreis und sind mit irgendeinem Fangspiel beschäftigt. Ich blicke in blaue Augen unter flachsgelben Haaren – helle Gesichter, wie ich sie auch in Friesland antreffen könnte. Immer wieder wird vor allem von den Hunzukut selbst an der Legende gewebt, sie seien Nachfahren Alexanders des Großen. Der große Mazedonier habe, nachdem er im 4. Jahrhundert n. Chr. den Hindukusch überschritten hatte, eine Hunza-Prinzessin geheiratet. Im griechischen Gefolge sei sie nach Baltit

zurückgekehrt und gebar einen Sohn, den Stammvater der Dynastie. Vorstellbar ist durchaus, daß versprengte Soldaten das Industal hinauf bis nach Hunza vordrangen.

Im Schatten hoher Bäume sitzen zwei Lehrer, den Rohrstock überm Knie. Sie winken uns herbei, und bei gutem Tee und flüssigem Englisch bekommen wir ganz nebenbei ein Lehrstündchen über Hunza. Der Stock zeigt auf die Kleinen, die fröhlich und diszipliniert spielen, ohne uns weiter zu beachten. »Wir bringen ihnen bei, was sie wissen müssen, aber das wichtigste ist unsere Erziehung Harmonie mit den Naturgesetzen und Ritterlichkeit. Kennt ihr unser Polospiel?« Wir verneinen. »Es ist ein hartes Spiel, aber sehr fair. Jede Mannschaft hat sechs Reiter; fällt ein Spieler aus, weil er verletzt ist, so nimmt auch die gegnerische Mannschaft einen Reiter aus dem Kampf. So spielen wir Polo.«

Wir erfahren noch etwas über den Symbolcharakter des Spiels. »Bolu«, wovon Polo abgeleitet ist, heißt »Schädel«. Es sind die Köpfe der schlechten Könige gemeint, die für das Böse stehen. Und das Böse müsse man jagen und schlagen. Natürlich kommen wir schnell auf den Karakorum Highway zu sprechen, der Hunzas Anschluß an die Welt darstellt, und jetzt werden die alten Lehrer sehr ernst. Sie fürchten Einflüsse aus Pakistan, die ihre Traditionen aushöhlen könnten. Höflicherweise sprechen sie nicht von Touristen. Sieben Jahre nach unserem ersten Besuch fanden wir die Hauptstraße geteert, dazu eine Ansammlung zu groß geratener, gesichtsloser Herbergen. Immer noch ist das Tal bestürzend schön und der Charme seiner Bewohner entwaffnend, aber es hat ein wenig von seiner Unschuld eingebüßt.

»Wir leben wie auf einer Insel. Unsere Sprache, hat man uns erzählt, ist mit keiner anderen Sprache der Welt verwandt.« Tatsächlich liegen die Wurzeln völlig im Dunkeln, ähnlich wie beim Baskischen. »Man behauptet«, fügt unser Berichterstatter stolz hinzu, »das Buruschäski sei eine sehr reiche Sprache.« Ein Jeep hält am Rande des Poloplatzes. Der Beifahrer springt heraus und geht auf einen betagten Mann zu, der offenbar auf ihn gewartet hat.

Geschick und Geduld bringen Hunzas Felsen zum Blühen.

»Das ist unser Doktor. er kommt zweimal in der Woche und schaut nach den Kranken.« Der junge Arzt nimmt den Alten fürsorglich am Arm, spaziert mit ihm ein paar Schritte und hört seinem Patienten aufmerksam zu. Dann gibt er ihm irgendeinen Rat und braust davon, sein Patient winkt zu uns herüber, sichtlich erleichtert.

»Wir sind 30.000 Leute in Hunza und haben zwei Doktoren. Das genügt«, freuen sich die Lehrer.

»Früher kam er auf dem Pferd, jetzt hat er einen Jeep, aus Japan. Die Straße wird uns kein Glück bringen. Hunzas Stärke war die Verkehrsfeindlichkeit, nicht der Verkehr.«

»Habt ihr früher nicht auch ganz gut vom Verkehr gelebt? Wie war das mit der Seidenstraße und den Überfällen?«

Er sieht mich eine Weile prüfend an, dann lacht er und faßt mich beruhigend am Arm.

»Das ist lange vorbei, die Engländer haben uns das ausgetrieben. Aber es stimmt, wir waren von den Karawanen gefürchtet.«

Dabei reckt er sich ein wenig. Die Räuberbanden begnügten sich nicht immer mit den Waren, sondern nahmen Reisende gefangen und verkauften sie als Sklaven. Hunza liegt strategisch günstig und kontrollierte die Pässe. Einige der Karawanenrouten mußten sogar später aufgegeben werden. Die Raubzüge der als »Rote Ritter« gefürchteten Bergbauern mit ihren treffsicheren Pfeilen (»Hunza« bedeutet im Tibetischen »Pfeil«) reichten bis nach Baltistan und Turkestan. Selbst die Kirgisen wurden im afghanischen Wakhan auf eigenem Boden vernichtend geschlagen, und erst den Engländern gelang es 1891 in der als »The Great Game« berühmt gewordenen Schlacht im schwierigsten Gelände, Hunza zu erobern. Hunza war in den Blick der Weltpolitik geraten und der Mir zur umworbenen Figur geworden. Das Empire befürchtete gegen Ende des letzten Jahrhunderts einen Vorstoß der Russen über den Hindukusch, wollte die Randbezirke von British India absichern und die Königreiche von Hunza und Nagar als Verbündete gewinnen.

Doch es gab Widerstand gegen die britische Präsenz; darüber hinaus waren die beiden Nachbarn Hunza und Nagar gerade wieder einmal verfeindet. »Einer der glänzendsten kleinen Feldzüge der Militärgeschichte«, wie es der beteiligte Offizier Knight nannte, brach den Widerstand Hunzas und beendete ganz nebenbei die wahrhaft blutrünstigen Zustände im Tal. Während des Kampfes wurde ein Oberst Durand getroffen. Als man die Kugel herausoperierte, hielt man einen mit Blei ummantelten Halbedelstein in der Hand, eine »Granate«.

Als riesige Kerbe zieht sich eine steilwandige Schlucht hinauf zum Wandfuß der Ultargipfel. Sie ist die Lebensader Hunzas, hier wird das Schmelzwasser der Gletscher gesammelt und mit einem ausgeklügelten System offener Wasserleitungen den Feldern zugeführt. In reiner Handarbeit, ohne Wasserwaage, sind die Gräben an fast lotrechten Wänden angelegt, bis

Schulalltag vor atemberaubender Kulisse.

zu acht Kilometer lang. Dabei ist das Gefälle so genau kalkuliert, daß die Fließrichtung kaum zu erkennen ist. Zusätzliche Speicherbecken verhindern, daß kostbares Wasser verlorengeht. Die felsgraue, sedimentbeladene Brühe schmeckt uns zunehmend besser. Es ist dieser in Wasser gelöste Steinstaub, reich an Spurenelementen, dem Hunza seine Existenz verdankt.

Von Natur aus ist das Tal eine baum- und strauchlose Felswüste ohne Mutterboden und ohne nennenswerten Niederschlag während des Sommers. Granitflächen, die weniger steil sind, wurden mit Steinwällen umringt und geflutet. Schon nach wenigen Jahren hatte sich genügend Sand abgesetzt, daß man mit dem Anbau beginnen konnte. Dank der verhältnismäßig milden Winter und der sonnenreichen Südlage werden bei Fruchtfolge sogar zwei Ernten im Jahr eingebracht. Äpfel, Pflaumen, Kirschen, Wein, Pfirsiche, Walnüsse gedeihen

neben den kleinen, aromatischen Aprikosen, dazu Mais und Weizen. Und überall stehen die pfeilschlanken Silberpappeln als Windschutz. Ein kleiner Garten Eden, der Wüste abgetrotzt. Zähigkeit und bewundernswerte Baukunst haben hier Felsen zum Blühen gebracht. Zu Ehren der Göttin Peri wurde zur Aussaat immer etwas Gold, das im Hunza-Fluß gewaschen wurde, in die Furchen gestreut – sicherlich zum Ärger von Islamabad, wo man das Gold lieber auf der Bank gesehen hätte. Bis 1974 herrschte in Hunza allumfassend der Mir, ein König und Hohepriester zugleich. Mit dem Zerreißen des Schutzbriefes, der dem Mir Souveränität garantiert hatte, beendete der pakistanische Premier Ali Bhutto demonstrativ die Unabhängigkeit dieses stolzen Bergvolkes. Hunza wurde Pakistan einverleibt, sein Oberhaupt entmachtet, und ein uralter, festgefügter Lebensrhythmus geriet allmählich aus dem Takt. Der jetzige Mir, Gazanfar Ali, ist ein

König ohne Reich – in Islamabad besitzt er nicht einmal die Rechte eines Abgeordneten.

Vermutlich 900 Jahre währte die Feudalstruktur der Mire, die von ihren Untertanen absolute Loyalität verlangten. Sie verstanden sich als Ordnungskraft, die die unverrückbaren Gesetzmäßigkeiten des Universums für den praktischen Gebrauch der Menschen anwandten. Uns war schnell aufgefallen, daß hier religiöse Merkmale fehlten. Die Menschen verstanden sich immer als Teil des Ganzen und ordneten sich durch ihre täglichen Verrichtungen diesem Ganzen ein. Besondere Merkmale dieses eher kultischen Königtums waren Feste und Vegetationsriten, die das Jahr einteilten. Wichtigstes Zeremoniell ist immer noch die Aussaat, Bophao genannt, dessen genaues Datum vom Mir bestimmt wurde.

Anfang bis Mitte Februar, wenn noch Eis und Schnee die Zugänge Hunzas verriegeln, verschwindet im Tal die dünne Schneedecke.

Kein Dach in Karimabad, auf dem nicht Aprikosen dörren.

Dieses Schuhwerk ist keiner Mode verpflichtet.

Nun mußte der Mond zum zweiten Mal nach dem Feuerfest (Neujahr) sein neues Licht zeigen, dann wurde »die Pforte der Erde aufgeschlossen«.

Das Neujahrsfest wird begangen, wenn die Sonne erstmalig wieder hinter einem bestimmten Bergsattel auftaucht – »ihr Nest bezieht«. Reichten die Vorräte nicht ganz über den Winter, wurde gefastet. Diese Perioden gehörten zum Jahresplan und entsprachen der Natur: Wo diese selbst nichts aufnimmt und nichts abgibt, soll auch der Mensch seine Reserven verbrauchen.

Drei Wegstunden oberhalb Karimabads liegen die Sommerweiden, eingezwängt von düsteren Wandfluchten. Mit Hingabe rollt, wiegt, klopft ein Hirte die pralle Ziegenhaut auf seinen Knien und entnimmt ihr von Zeit zu Zeit aus dem Beinstumpf klümpchenweise Butter. Er holt für uns kühle Lassi aus der Hütte, ein Getränk, für das ich überall im Himalaya fast mein Leben geben würde. So wild wie die Umgebung sind das Gesicht des Hirten und seine Stiefel, die er sich jetzt schnürt, um vielleicht irgendeiner verlaufenen Ziege hinterherzusteigen: Lappen werden um Füße und Waden gewickelt und mit ausgefransten Lederstreifen zusammengehalten.

Wir wandern noch bis zur Region der Gletscher, wo nichts mehr wächst – ein Niemandsland zwischen der Welt des Menschen und der alten Götter, wo Wildtiere ihr Zuhause haben. Gezackt wie Scherenschnitte tuchen sich dunkle Grate vor den noch unbestiegenen Ultar-Gipfeln (7.399 m), deren kristallene Schönheit jetzt von Nebeln verhüllt ist.

Bergabwärts gehend erblickt der Wanderer die Burg Baltit. Schier uneinnehmbar thront die Feste auf steilem Felssporn über Karimabad. Über Jahrhunderte war der weiße, tibetisch anmutende Palast Sitz der Mire. Jetzt ist er, wie auch die benachbarte Festung Altit, dem Verfall preisgegeben. Jahrzehnte zuvor hatte ein Schamane vorhergesagt, daß Baltit schon bald leerstehen würde – er wurde verlacht. Doch 1960 bezog das Oberhaupt ein neues Haus, und seit seiner Entmachtung bröckeln

nicht nur die Burgen, sondern ein uralter, festgefügter Lebensrhythmus gerät allmählich aus dem Takt. Immer noch werden die alten Feste gefeiert, aber im Abstand von nur sieben Jahren sah ich doch erhebliche Veränderungen.

Karimabad – der Name des zum Touristenzentrum aufgestiegenen 2.000-Seelen-Ortes ist Referenz an Karim, den derzeitigen Aga Khan.

Dieser Imam, geistiges Oberhaupt der Ismailitischen Muslims, steckt einen Teil seines beträchtlichen Vermögens in die Entwicklung der Landwirtschaft, in Straßenbau, Ausbildung und medizinische Versorgung.

Zu Füßen Karimabads, in der großen S-Kurve des Karakorum Highway, liegt das alte Dorf Ganesh. Umgeben von fruchtbarem, ebenem Grund oberhalb des Hunza-Flusses entstand hier vermutlich die erste Siedlung im Tal. In der Nähe künden Felsinschriften vom lebhaften zweitausendjährigen Verkehr auf diesem

Strang der Seidenstraße, wo Reisende ihre Botschaften in den alten Schriften Kharoshti, Brahmi, Gupta, Sogdian und Tibetanisch hinterließen. Daneben finden sich Skizzen von der Jagd auf den Ibex. Dieser Steinbock genoß höchstes Ansehen bei den Völkern von Afghanistan bis nach Nordindien, war er doch das Haustier der Bergfeen und Symbol für Fruchtbarkeit und Wohlstand.

Vor der alten, reich verzierten Moschee des Ortes liegt ein Schwimmbecken, wo alle Kinder Pflichtstunden erhielten. Bis in dieses Jahrhundert hinein gehörte es bei den Jungen zu den Initiationsriten, bei steigendem Hochwasser durch den Fluß zu schwimmen. Für Flucht oder Angriff sollten sie jederzeit den Hunza queren können.

Die Reise nach Nagar führt nur über den Fluß und doch in eine andere Welt. Was in Hunza den Felssimsen abgerungen werden mußte, fanden die Nagaris schon vor: fruchtbare, breite Talböden, Almen, genügend Wasser, Obstgärten, Walnußbäume, Getreidefelder, mittendrin Frauen wie Blüten, wie Astern auf den Herbstwiesen. Aber anders als in Hunza wenden sie sich von uns ab – wir sind wieder im Land der Schiiten. Die Gesichter der Männer sind wie in Skardu oder Gilgit. Die verschachtelten Dörfer sehen liebloser aus als in Hunza, Aprikosen verfaulen unter den Bäumen, wie wir es auch in Baltistan gesehen haben.

Am Talende erklettern wir einen steinigen Grat und schauen hinab auf ein ächzendes, knirschendes Ungetüm. Bis zu 20 Zentimeter am Tag meißelt sich der kurze Hapar-Gletscher durch seine steinerne Wanne. Die Szenerie umliegender Gipfel der Rakaposhi-Gruppe begeistert, und dennoch empfinden wir Nagar durch seine eingezwängte, nordwärts gerichtete Lage bedrückend im Vergleich zum fast mediterran heiteren Sonnenbalkon Hunzas. Dort sind wir verzaubert worden – der Abschied von diesem kleinen Land und seinen Menschen schmerzt. Für mich ist es Shangri La näher als jeder andere Ort im Himalaya.

Schamanen – Boten der Götter

Die Schamanen in Hunza hatten es gewußt. Jedesmal sahen sie die Opferfeste und Tragödien voraus, die von der erzürnten Schneegöttin Peri mit den Expeditionen am Nanga Parbat aufgeführt wurden.

36 Menschen waren bereits umgekommen, als 1953 eine deutsch-österreichische Mannschaft für einen neuen Gipfelsturm anrückte. Zum ersten Mal sagten die Schamanen Gelingen voraus, und Hermann Buhl erreichte den »Thron der Götter«. Von hier aus sah er auch den Gipfel der Chogolisa. Ein Jahr später war er dort. In 6.000 m Höhe verloren sich seine Spuren am Rande einer Schneewächte. Die Rache der Peri hatte ihn doch noch erreicht, sagten die Hunzukut.

Hokuspokus? Übersinnliches erklären zu wollen ist sinnlos. Wir mögen unsere eigenen Vorstellungen vom Entstehen und Wirken der Natur haben, für die Bergbewohner gelten andere Wahrheiten. Sie sind ständig umgeben von Feen, Geistern, Dämonen, die gnädig gestimmt werden müssen. Überall ringt das Gute mit dem Bösen, immer muß der Mensch auf der Hut sein vor den Einflüssen der Dämonen. Dabei hilft ein Vermittler, der die übersinnliche Welt besser versteht, ein Schamane.

Oft ist der Schamane Visionär, Magier, Medizinmann und Psychologe in einer Person. Schamane ist kein »Lehrberuf«. Man ist es von Geburt an oder fühlt sich irgendwann von den Geistern dazu berufen. Grundsätzlich dürfen auch Frauen als Schamaninnen wirken, im islamischen Pakistan allerdings heute nicht mehr.

Geheimnisvolle Riten, dazu berauschende Mittel wie Kräuter oder Tschang (tibetisches Gerstenbier), der Rauch brennender Wacholderzweige, manchmal auch Musik und ekstatischer Tanz bis zur Erschöpfung versetzen den Schamanen in Trance. Dann reist seine Seele in weite Fernen, sein Gesang erzählt, was sein Inneres sieht. Schamanen werden aufgesucht, wenn man sie braucht, sei es, weil man einen günstigen Termin für eine bevorstehende Reise erfragen oder sich von einem Leiden befreien lassen will. Ihre Heilkunst beschränkt sich oft auf »Aussaugen« des vermeintlichen Übels und hat auch bei der hingebungsvoll gläubigen Kundschaft nicht immer den gewünschten Erfolg. Dafür können sie Krankheiten recht gut diagnostizieren, in der Regel genügt schon das Tasten der Pulse – eine von den Chinesen entwickelte und von den Tibetern übernommene Methode. Sie hilft beim Aufspüren von Störungen im harmonischen Zusammenspiel der Körpersäfte »Wind«, »Galle« und »Schleim«, die als Träger der Lebensenergie angesehen werden. »Wind« als das Element Luft steht dabei für das Bewegte im Körper, den bewegenden Geist, »Galle« als Element Feuer vertritt Körperwärme, Stoffwechselprozesse, Lebensaktivität, »Schleim« aus den Elementen Erde und Wasser umfaßt die wäßrigen Bestandteile des Körpers, das Erdverbundene und Beständige im Menschen.

Tibetische Medizin fußt auf der Lehre Buddhas, nach der Leben untrennbar mit Leiden verbunden ist – ein absoluter Gegensatz zur Auffassung der Weltgesundheitsorganisation WHO. Und doch nimmt diese die Naturheiler inzwischen ernst und hat sogar ein eigenes Institut für »traditionelle Medizin« eingerichtet. Für die Schamanen ist Krankheit Disharmonie zwischen Menschen, Umwelt und Kosmos. Ist es inzwischen soweit, daß wir von ihnen lernen könnten?

*Auf fernen Gipfeln wohnen die Götter
(im Bild Nanga Parbat).*

Trekking in Pakistan

Allgemeines

Bis zu einer Höhe von 6.000 Metern gilt jedes Unternehmen als Trekking. Kleinere Gipfel entlang der Routen können also nach Lust und Laune »mitgenommen« werden, ohne daß zuvor eine Genehmigung eingeholt werden muß. Will man höher hinaus, gilt es, teure Auflagen zu erfüllen und eine Menge Papierkrieg sowie eventuelle Wartezeiten hinzunehmen.

Beim Trekking wird je nach Grenznähe zu den Nachbarstaaten zwischen »closed« (ein Drittel Baltistans ist militärische Sperrzone), »open« und »restricted zone« unterschieden. Für letztere benötigt man ein Permit vom Ministry of Tourism, College Road F-7/2 in Islamabad, welches innerhalb eines Tages ausgestellt wird und in der Regel durch eine anerkannte Trekking-Agentur beantragt wird. Darüber hinaus muß ein anerkannter Führer die Gruppe begleiten. So lautet die offizielle Vorgabe, aber es kann auch einfacher gehen: Wir erhielten die Erlaubnis für den K 2-Trek mit Unterstützung unseres gut bekannten Sirdars (Führers) in Skardu innerhalb einer halben Stunde. Dieses Papier wird unterwegs an allen Checkposten kontrolliert. Ich habe den Eindruck, daß die Polizei- und Militärkontrollen kein Mißtrauen bedeuten, sondern vor allem der eigenen Sicherheit dienen. Wer in kleiner Gruppe oder gar allein in kaum begangene Täler vorstößt, sollte sich unbedingt bei der örtlichen Polizei registrieren lassen. In einigen Gebieten, wie z. B. in Kohistan, sind Fremde, selbst Pakistani höchst unwillkommen. Die Polizei kann hier mit aktuellen Informationen helfen. Pakistani, lieben ihr Land und sind sehr darum besorgt, daß sich der Besucher möglichst wohl fühlt und gute Erinnerungen mit nach Hause nimmt.

Der Trekker hat vier Möglichkeiten des Reisens:

1. Er schließt sich einer organisierten Gruppe an, in der Regel einem europäischen Veranstalter. Außer persönlichen Sachen, wozu auch der Schlafsack gehört, wird alle Ausrüstung gestellt – und die Reisekameraden gleich mit. Diese Möglichkeit ist für Einzelpersonen mit wenig Erfahrung sehr zu empfehlen zumal wegen der langjährigen Kontakte des Veranstalters im Land ein reibungsloser Ablauf so gut wie garantiert ist. Die verlangten Preise halte ich für reell; sie liegen nicht wesentlich über den Kosten einer selbstorganisierten Reise. Allerdings wird man innerhalb einer großen Gruppe und einer noch größeren Trägerschar kaum Kontakt zu Sirdar und Trägern bekommen – in meinen Augen ein erheblicher Nachteil.

2. Eine selbst zusammengestellte Gruppe überläßt Ausrüstung und Organisation einer zuverlässigen örtlichen Agentur.

3. Man reist gut ausgerüstet an und schaut sich nach einem Sirdar um, der dann Koch und Träger aussucht und die Verpflegung zusammenstellt. Ein erfahrener Sirdar kennt » eine« Leute, und größere Probleme wie Trägerstreiks sind praktisch ausgeschlossen. Löhne (ca. 12,– DM/Tag bzw. pro festgelegte Wegstrecke), Lasten (25 kg) und Rationen für die Träger sind durch die Tourismusbehörde festgelegt; ebenso die Bezahlung an Rasttagen. Ein Sirdar erhält den 3 – 4fachen Trägerlohn. Obgleich die Baltis bereits in alten Reiseberichten als freundliches, sogar fröhliches Volk beschrieben werden, eilt ihnen der Ruf voraus, schlechte Träger zu sein. Meine Erfahrung dagegen war sehr gut. Ich kann nur dringend dazu raten, die Träger ganz einfach menschlich und aufmerksam zu behandeln und nicht, wie leider auch manchmal zu sehen ist, als Lasttiere. Wir Deutsche hätten hier einen Ruf zu verlieren, und ich sage es gern einmal: Deutsche Gruppen sind im Himalaya bisher sehr willkommen.

4. Man geht allein auf sich gestellt mit einem oder zwei Trägern. Die Landessprache Urdu sollte ein wenig beherrscht werden und der Umgang mit Trägern vertraut sein. Zweifellos wäre dies die schwierigste, aber auch intensivste Art des Reisens.

Vor die Gipfel haben Götter den Schutt gesetzt (rechts Mustagh-Turm).

Die Bergwelt Pakistans mit Hindukusch, Karakorum und Himalaya ist wie eine Schatztruhe mit gerade angehobenem Deckel. Die Tourenmöglichkeiten sind scheinbar unbegrenzt, von der einfachen 2- oder 3tägigen Wanderung bis zur expeditionsartigen Trekkingtour von einem Monat oder mehr. Stellvertretend für viele andere bekannte oder noch zu entdeckende Routen seien hier einige »populäre« Treks kurz vorgestellt. Die Zeitangaben sind als ungefähre Richtwerte zu verstehen, ebenso die Höhen. Gleichlautende Höhenangaben findet man nur für ganz wenige »berühmte«, offiziell vermessene Gipfel. Ähnliches gilt für die lateinische Schreibweise sämtlicher Namen.

Trek 1
Von Chitral über den Zani-Paß zum östlichen Tirich Mir (7.708 m)

Restricted zone
Beste Zeit: Mitte Mai bis Oktober
Dauer: ca. 5 Tage
Größte Höhe: 4.703 m

1. Tag
4 bis 5 Stunden Jeepfahrt von Chitral Town zum Dorf Uthul unterhalb des Zani-Passes auf der Westseite des Turikho-Flusses. Lager in rund 3.000 m.

2. Tag
Entweder noch mit dem Jeep oder etwa 3 Stunden zu Fuß durch Uthul die Jeepstraße entlang hinauf zum Zani-Paß auf 3.886 m. Von hier bietet sich ein überragender Blick auf Tirich Mir, Saraghrar, Bunizom sowie die Berge rund um Mastuj. Die Jeepspur endet am See südwestlich des Passes, wo sich bei schönem Wetter ein Lagerplatz anbietet. Sonst wird auf der anderen Seite steil zum Tirich-Fluß abgestiegen und in den grünen Weiden von Shagram campiert.

3. Tag
Man folgt dem Tirich Fluß westwärts über Atak nach Bandok, einer von Birken umsäumten Weide. Hier zeltet man in etwa 3.400 m.

4. Tag
Weiter westwärts den Fluß entlang zum Tirich-Gletscher. Ab hier ist der Weg schwierig den Gletscher entlang zum Shogor-Becken, wo Oberer und Unterer Tirich-Gletscher zusammenfließen und sich ein prachtvoller Blick auf den Tirich Mir bietet. Lagerhöhe rund 4.100 m.

5. Tag
Man folgt dem Tirich-Gletscher zum Babu Lager, dem vorgeschobenen Basislager in rund 4.700 m. Von hier ist der Tirich Mir nicht mehr zu sehen, dafür Ghul-Lash Zom, Aspes, Sufaid, Noshaq und Ishtora Nal. Auf derselben Route kehrt man nach Shagram zurück, und anstatt wieder den Zani-Paß zu queren, folgt man dem Tirich für weitere 3 Stunden. Einige Dörfer werden passiert, und in Mullen ist der Beginn der Jeepstraße wieder erreicht.

Trek 2
Von Chitral über den Owir-Paß zum südlichen Tirich Mir

Restricted zone
Beste Zeit: Juni bis September
Dauer: 11 Tage
Größte Höhe: 4.338 m

1. Tag
Von Chitral Town aus folgt man im Jeep dem Mastuj-Fluß nach Norden bis Parpish. Westwärts klettert hier eine Piste in steilen Haarnadelkurven bis zum Ende der Straße in Barum; insgesamt 5 Stunden Fahrzeit. Lager in etwa 2.500 m.

2. Tag
4 bis 5 Stunden nach New Idyllen (Shokor Shol) entlang des Barum-Flusses. Zunächst eine Stunde bis Shabronz, einem Dorf mit fruchtbaren Äckern, danach folgt man eine halbe Stunde lang auf schmalem, ausgesetztem Pfad einem Wasserkanal. Danach gibt's viel Geröll, dafür überragende Blicke nach Südosten zum Hindu Raj oder westwärts zum Tirich Mir.

3. Tag
Man folgt dem Barum 3 Stunden stromauf nach Old Idyllen. Der Zeltplatz hier in rund 3.600 Metern Höhe ist staubig, bietet dafür gutes Wasser, etwas Schatten und herrliche Ausblicke.

4. Tag
Für allerbeste Sicht auf Tirich Mir und seine Trabanten klettert man auf den Kamm zwischen nördlichem und südlichem Barum-Gletscher, etwa auf 4.300 m.

5. Tag
Von Old Idyllen zurück nach Shabronz, 5 Stunden. Schöner Platz zum Zelten in dem hübschen, schattigen Dorf auf 2.700 Metern.

6. Tag
5 bis 6 Stunden nach Dogaas, am Fuß des Owir-Gletschers; ein einfacher Höhenweg ein weites Tal hinauf. Zeltplatz auf einer Wiese neben einem klaren Bach, 3.300 m, wunderbare Blicke.

7. Tag
Ein Abstecher auf den Owir-Gletscher bietet unwesentlich andere Aussichten, dafür einen harten, fünfstündigen Marsch über Schutt und grobes Geröll.

8. Tag
Von Dogaas zum Owir-Paß. Nachdem das letzte Dorf im Tal auf etwa 3.200 m passiert ist, steigt man zwei Stunden bis etwa 200 m unterhalb des Passes. In einer Grasmulde auf rund 4.000 m gibt es den schönsten Zeltplatz der ganzen Tour mit gutem Wasser und phantastischem Blick, allerdings kein Schatten.

9. Tag
Vom Paß aus kann der Grat in Richtung Tirich Mir erkundet werden – beeindruckende Sicht in alle Richtungen. Lager des Vortages.

10. Tag
Dreistündiger steiler Abstieg vom Paß nach Kiyar; Lager oberhalb des Ortes mit neuer Ansicht vom Tirich Mir.

11. Tag
Zurück nach Chitral. Ab Kiyar gibt es eine Jeeppiste; zu Fuß braucht man 4 bis 5 Stunden bis Shogor, immer den gleichnamigen Fluß entlang.

Alternative für Eilige: von Barum direkt über den Owir-Paß nach Kiyar.

Trek 3
Von Chitral nach Swat über den Kachikani-Paß

Open zone
Beste Zeit: Juni bis September,
optimal Anfang September
Dauer: 7 Tage
Größte Höhe: 4.766 m

Die Träger in Chitral gelten gegenüber denen in Swat als vertrauenswürdiger. Aus diesem Grund sollte die Tour wie beschrieben gegangen werden, auch wenn die ersten beiden Tage durch das trockene, unfruchtbare Obere Chitral sehr anstrengend sind. Dafür entschädigt das Ziel – Swat mit seinen grünen Weiden und kiefernbestandenen Hügeln liegt bereits in der Monsunzone.

1. Tag
Mit dem Jeep von Chitral über Mastuj nach Sor Laspur. Öffentliche Jeep-Taxis sind bis Mastuj immer verfügbar; von dort sind es weitere 22 Kilometer nach Sor Laspur, dem Ende der Piste auf der Chitral-Seite. Hier wäre der Lagerplatz neben dem Fluß auf rund 3.000 m.

2. Tag
7 Stunden von Sor Laspur nach Bashar. Man folgt dem Laspur-Fluß stromauf durch rauhes, steiniges, vegetationsloses Gelände. Von Süden kommt der Kachikani-Fluß; Lagerplatz neben einem trüben Gletscherbach.

Seite 116/117: Am Baltoro ein Spalier abstrakter Gipfel (links Trango-Gruppe, hinten Biale, rechts der Fuß der Großen Kathedrale).

3. Tag

5 Stunden von Bashar zum Fuß des Kachikani-Passes. Man folgt dem Kachikani-Fluß stromauf durch unfruchtbaren Gesteinsschutt, quert das Bett des Kachikani-Gletschers, und ersteigt ostwärts die steile Moräne bis unterhalb des Passes. Hier wird campiert.

4. Tag

Fünfstündige Paßüberquerung. Steiler Aufstieg über Schutt und Schneeflecken bis zum Kachikani-Paß (4.766 m). Die Südseite des Passes ist weniger steil, aber völlig schneebedeckt. Aus unterschiedlichen Richtungen fließen Gletscher herab. Unterhalb eines beeindruckenden Eisfalles steigt man zu blühenden Wiesen mit Birken hinab. Lager in 3.840 Metern neben einem klaren Bach mit Forellen.

5. Tag

Ein einfacher Spaziergang durch Birkenwald, immer dem Bach folgend, bis nach 3 oder 4 Stunden das Lager am Zusammenfluß zweier klarer Bäche erreicht ist.

6. Tag

Man folgt dem Bach weitere 3 bis 4 Stunden zum Mahodand-See, dem »See der Fische«. Schönes Camp auf etwa 2.950 m in einer birkenumsäumten Wiese neben dem See.

7. Tag

10 Kilometer bequemer Spaziergang stromab nach Matiltan, Lager auf 2.400 m.

8. Tag

Mit dem Jeep hinunter nach Saidu Sharif.

Trek 4
Von Gilgit (Naltar) nach Chalt über den Daintar-Paß

Open zone
Beste Zeit: Juli bis September
Dauer: 5 bis 7 Tage
Größte Höhe: 4.800 m

1. Tag

Mit dem Jeep von Gilgit über Nomal nach Naltar; herrliche Bergwiesen, umgeben von Kiefernwäldern. Entweder zelten oder im PWD Resthouse bzw. einem Hotel absteigen.

2. Tag

Von Naltar zum Naltar-See, auch Kuti-See genannt, 3 bis 4 Stunden. Man geht stromauf durch Wald, vorbei an den Sommerhütten der Gujar-Hirten und campiert am ersten See. Weitere Seen liegen etwas höher, 15 Minuten entfernt.

3. Tag

Vom Naltar-See nach Lower Shani, 4 Stunden. Man folgt dem Bach in Richtung Norden, verläßt den Wald und quert eine weite sumpfige Weide nach Gupa, einer Gujar-Siedlung inmitten eines lichten Kiefernwaldes. Wer ohne Führer unterwegs ist, sollte sich von den Hirten den weiteren Weg erklären lassen; der Paß ist nicht ganz eindeutig zu erkennen. Zunächst folgt man dem Bach am östlichen Ufer zum Naltar-Gletscher. Danach einige Kilometer auf deutlichem Pfad entlang der östlichen Seitenmoräne (der Gletscher liegt links) über Schneefelder und Felsbrocken zu grünen Wiesen neben dem Gletscher. Lagerplatz neben einem schmalen Bach.

4. Tag

Von Lower Shani nach Upper Shani, 1 Stunde. Dieser Tag dient der Akklimatisation. Man könnte bis zum Talende am Fuß des Naltar-Passes laufen und nach Upper Shani zurückkommen. Das Lager hier liegt neben dem Schneefeld am höchstmöglichen ebenen Platz auf dem Grat, der zum Paß führt.

5. Tag

Überqueren des Daintar-Passes, 6 bis 8 Stunden. Zuerst folgt man 2 bis 3 Stunden dem sehr steilen Grat bis zur Spitze, klettert dann nach rechts einen gezackten Kamm entlang zu einem Steinmännchen (hierfür möglichst anseilen). Weiter geht's durch eine Schneewächte und dann einen extrem steilen Hang hinab bis zu einem großen Schneefeld. Unterhalb der Schneegrenze bietet sich ein Lager in einer blumenübersäten Wiese an, jedoch steigen die meisten Trekker weiter ab zu den ersten Hirtenhütten in Toleybari. Lager im Birkenwald neben dem Bach.

6. Tag

Von Toleybari nach Tarbetar Das, 4 – 6 Stunden. Die ersten 2 Stunden läuft man eine enge Schlucht hinunter (der Pfad am linken Ufer ist steil, aber einfacher) nach Tali, einer größeren Sommersiedlung mit Weizenfeldern und einem Polofeld. Zwar ist hier das Ende der Jeepstraße, aber selbst, wenn die Straße offen ist, wird nur mit Glück ein Jeep zu finden sein. Man folgt der Straße nach Tarbetar Das, zunächst durch bestellte Felder, danach durch eine unfruchtbare Schlucht. Lager in Tarbetar Das.

7. Tag

Öffentliche Jeeps starten jeden Morgen nach Gilgit, etwa 3 Stunden Fahrzeit.

Trek 5
Vom Hunzatal zum Hasanabad-Gletscher und den Sommerweiden

Open zone
Beste Zeit: Mai bis Oktober
Dauer: 4 – 6 Tage
Größte Höhe: nach Belieben

1. Tag

Von Hasanabad nach Bras, 3 Stunden. Die Wanderung beginnt an der Hasanabad-Brücke am Karakorum Highway, 3 Kilometer unterhalb Aliabad. Man folgt dem Bach stromauf, klettert über die hohe Endmoräne am Zusammenfluß von Hasanabad- und Muchichil-Gletscher und campiert bei der Sommersiedlung von Bras.

2. Tag

Von Bras nach Shishpar, 4 Stunden. Man folgt dem Rand des Hasanabad-Gletschers hinauf zu den Sommerweiden von Shishpar. Lager bei den Hirtenhütten.

3. Tag

Nach Lust und Laune verbringt man die Zeit mit den Hirten und erkundet die Weiden, dabei den Hasanabad-Gletscher sowie die Gipfel von Ultar und Passu vor Augen.

4. Tag

Entweder zurück zum Karakorum Highway oder aber nur bis Bras und am Muchichil- (auch Muchuar-)Gletscher entlang zum Lager nach Guyamaling, 5 Stunden.

5. Tag

Von Guyamaling nach Shandar Shaynder, 4 Stunden. Weiterer Aufstieg seitlich des Gletschers zu den Sommerweiden von Shandar Shaynder mit seinen Hirtenbehausungen und einer Wassermühle. Lager.

6. Tag

Zurück zum Karakorum Highway.

Trek 6
Von Hunza (Passu) zum Batura-Gletscher

Open zone
Beste Zeit: Mai bis Oktober
Dauer: 6 – 8 Tage
Größte Höhe: 4.000 m

1. Tag

Von Passu nach Yunzbin, 3 Stunden. Vom Dorf Passu aus folgt man dem Bewässerungskanal zum Fuß des Batura-Gletschers, der hier mit schwarzem Schutt und Felstrümmern bedeckt ist. Man folgt auf der Südseite des Gletschers einem Hirtenpfad über Geröll, die hervorstechenden Gipfel der Batura- und Passu-Gruppe vor Augen. Auf dem staubigen Boden verlieren sich Wacholder, wilde Rosen, purpurne Wicken, dazu ein wenig mageres Weideland für Schafe und Ziegen. Lager Yunzbin auf 2.930 m.

2. Tag

Von Yunzbin nach Yashpirt, 6 Stunden. Zunächst quert man nordwärts den Gletscher, ein graues Meer aus Schutt und Felsen. Danach folgt man der Seitenmoräne hinauf zur Sommersiedlung Yashpirt. Um das Dorf herum herrliche Weiden mit wilden Blumen und Wacholderbäumen, Frauen und Mädchen mit Herden von Schafen, Ziegen, Kühen und Yaks. Blick über den Batura-Gletscher auf den ersten Eisfall des Batura. Lager neben einem klaren Bach auf 3.200 m.

3. Tag

Von Yashpirt nach Kukhil, 3 Stunden. Der Seitenmoräne wird weiter gefolgt, zwischendurch vereinzelte Birken und Weiden. Ein schöner Rastplatz wäre die Sommersiedlung Fatimahil mit herrlichen Blicken über den Batura-Gletscher zu den Batura Peaks – 9 Gipfel zwischen 7.500 m und 7.785 m! Weiter geht's, immer am Gletscher entlang, nach Kukhil, einer weiteren Sommerweide auf 3.400 m. Anstatt zu zelten, könnte man auch in einer leerstehenden Hütte übernachten.

4. Tag

Von Kukhil nach Gutshism oder Lupdor, 2 bis 4 Stunden. Man folgt weiter der Seitenmoräne, vorbei an Wacholder und über spärliche Sommerweiden. Gutshism ist die letzte Sommersiedlung, Lupdor die letzte Weide auf 3.700 m. Lager auf dem letzten Gras.

5. Tag

Die Umgebung will erkundet werden. Vielleicht geht man auf den Gletscher oder besteigt einen der kleineren Gipfel. Oder aber 3 bis 5 Stunden von Kukhil hinauf nach Shelmin, wo am Bach campiert wird.

6. Tag

Wahlweise 3 bis 5 Stunden weiter nach Wortham. Zuerst einen rutschigen Hang hinauf zum Grasland, wo an einer klaren Quelle campiert wird.

Befreit von der Last der Fremden,
freuen sich die Träger auf zuhause.

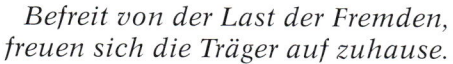

7. und 8. Tag

Zurück auf derselben Route. Als Variante könnte auch der Batura-Gletscher unterhalb Yashpirt gequert werden und der Abstieg auf der Südseite erfolgen, wo es grüner und schattiger ist und sich schöne Blicke über den Gletscher bieten. Von Yunzbin aus kann der Yunz-Paß auf dem Kamm zwischen Batura- und Passu-Gletscher erstiegen werden – phantastische Aussicht auf beide Eisströme und umliegende Gipfel. Danach steigt man zum Passu-Gletscher ab und kehrt nach Passu zurück.

Darüber hinaus sind Treks zum Gulmit- und Ghulkin-Gletscher möglich.

Trek 7
Von Hunza (Passu) ins Shimshal-Tal

Open zone
Beste Zeit: April bis November
Dauer: mindestens 7 Tage
Größte Höhe: beliebig

1. Tag

Von Passu nach Jurjur oder Shugarden, 2 bis 3 Stunden. Mit dem Jeep geht es von Passu über den Karakorum Highway hinauf zur Brücke über den Hunza-Fluß, dahinter weitere 9 Kilometer auf neuer Piste bis zu ihrem Ende. Danach führt der schwierige, felsige Pfad entlang des Shimshal-Flusses in eine Schlucht hinein.

2. Tag

Von Jurjur nach Dutt, 3 bis 5 Stunden. Der Weg durch die Shimshal-Schlucht ist weiterhin steinig, jedoch nicht mehr so schwierig. Der Fluß wird erstmalig bei Dutt gequert, wo man campiert und in der Hütte kochen kann.

3. Tag

Von Dutt nach Ziarat, 5 Stunden. Der Pfad ist steil und schwierig, eingekerbt in Felsabstürze. Für einzelne Wegstrecken muß man auf das westliche Ufer queren. Während des ganzen Tages gibt es kein Trinkwasser. Ziarat ist ein religiöser Ort mit einem Unterstand, der 50 Pilgern Platz bietet.

4. Tag

Ziarat nach Shimshal, 6 Stunden. Zuerst geht es 3 Stunden den Fluß entlang zum Molunguti-Gletscher, dessen Überquerung etwa 1 Stunde dauert. Danach auf bequemem Weg 1 1/2 Stunden zum ersten Dorf von Shimshal, wo sich das Tal zu einem fruchtbaren Kessel weitet. Lager in Dorfnähe.

5. – 7. Tag

Erkunden des Tales. Östlich des Hauptortes ist es besonders schön, weit und grün mit Hirtenhäusern und Yak-, Ziegen- und Schafherden. Weiter oben, nahe der chinesischen Grenze, ziehen Wildeselherden. Neun Gletscher speisen vom Süden her den Shimshal Fluß; 4 zwischen Karakorum Highway und dem Dorf Shimshal, weitere 5 bis zur Grenze. Zu allen führen Pfade, denn dort oben liegen Sommerweiden. Entweder kehrt man auf demselben Weg zurück oder vom Dorf Shimshal aus über den Boesam Pir-Paß zum Gunjerab-Fluß, der zum Karakorum Highway zurückführt.

Trek 8
Von Skardu zum Masherbrum

Open zone
Beste Zeit: Juni bis September
Dauer: 12 Tage
Größte Höhe: 4.500 m (bzw. 5.650 m)

1. Tag

Mit dem Jeep 100 km von Skardu durch enge Schluchten, vorbei an malerischen Oasendörfern zur Ortschaft Khapulu am Shyok-Fluß. Lager auf 2.560 m zwischen alten Weiden und Pappeln.

2. Tag

Mit kleinen Flößen, die von aufgeblasenen Tierhäuten getragen werden, setzt man ans andere Flußufer über. Nach Norden folgt eine Jeepstraße 40 km dem Hushe-Fluß nach Hushe, dem letzten Dorf des Tales; mit etwas Glück gibt's eine Fahrgelegenheit. Schönes Lager auf einer Wiese hinter Hushe mit großartiger Bergkulisse.

3. Tag
Etwa 2 Stunden angenehme Wanderung zu einer Sommeralm und weiter zwischen wilden Rosensträuchern zur Gletscherzunge des Gondokoro-Gletschers. Herrliches Lager bei der »Rosenalm«.

4. Tag
500 m Aufstieg zur Alm Rondoro (3.800 m) mit grandiosem Blick zu Masherbrum sowie K 6 und K 7.

5. Tag
Über steile Moränenstufen zur Alm Dalzan (4.100 m)

6. Tag
Zuerst 1 Stunde auf dem höchsten Kamm der Gondokoro-Moräne, dann Abstieg über loses Blockwerk auf den Gondokoro-Gletscher. Weiter über den schuttbedeckten Gletscher zum Gondokoro-Lager I auf 4.500 m inmitten imposanter Gletscher-Arena.

7. Tag
Durch grandiose Gletscherwelt in Richtung Gondokoro-Paß und zum zweiten Gletscherlager inmitten gewaltiger Hängegletscher und Gletscherseen, überragt vom Mt. Biarchedi (6.779 m).

8. Tag
Eventuelle Besteigung des Gondokoro Peak (5.650 m), Eisausrüstung erforderlich; großartige Sicht.

9. – 12. Tag
Rückweg auf derselben Route.

Eine phantastische Tour, den Spuren früherer Karakorum-Forscher folgend, wäre die Querung zum Baltoro-Gletscher. Man steigt den Gondokoro-Gletscher hinauf, überquert den Masherbrum-Paß (5.880 m), der, je nach den Eisverhältnissen, stellenweise schwierig sein kann, und steigt nahe Urdukas zum Baltoro-Gletscher ab. Weiter zum K 2!

Nordindien

Behutsam, Schritt für Schritt hat Indien seine verletzlichen Grenzregionen im Nordwesten für Fremde geöffnet. Gerade zwei Jahrzehnte ist es her, daß die ersten Touristen nach Ladakh kamen. Zwei Jahre später durften sie nach Zanskar. Es folgte Lahoul, und inzwischen sind auch Spiti, Kinnaur sowie Teile von Rupshu und Nubra offen – Regionen, von denen man lange Zeit nur träumen konnte. Verletzlich sind diese versteckten Täler nicht nur in strategischer Hinsicht, wenn auch erfreulicherweise China als Nachbar nicht mehr ganz so bedrohlich ist. Sie sind es vor allem wegen ihrer bislang unverfälschten Kultur. Seit die Volksrepublik China versucht, mit zerstörender Gewalt und schleichender Unterwanderung die Identität Tibets auszulöschen, sind die verbleibenden Enklaven des lamaistischen Buddhismus unschätzbar wertvoll geworden. Hier sind nicht nur Zeugnisse einer vergangenen Kultur zu bestaunen, hier ist Vergangenheit wie Gegenwart lebendig, im stillen Gleichmaß der Lebensführung des Menschen.

Ladakh und Zanskar – Landschaften, wo man sich wie auf einem anderen Stern fühlen kann. Berge schimmern in nie gesehenen Pastelltönungen, aus Talböden leuchten grüne Inselchen herauf, Geröllhalden funkeln im gleißenden Licht, darüber ein azurblauer Himmel, wie er sich nur über Wüstengebieten spannt.

99,6 Prozent Ladakhs sind menschenfeindliche Wildnis, ein Land wie geschaffen für Eremiten und Lamas. In den Klöstern kann man die Stille mit Händen greifen. Draußen im Land beten Steine und tragen Fähnchen fromme Wünsche dem Himmel entgegen. Selbst der »aufgeklärte« Zeitgenosse des Computerzeitalters kann sich dieser Atmosphäre nicht entziehen, die ihm bald völlig normal erscheint. Gleichzeitig wird das Gefühl für die Zeit anders – sie ist nicht mehr wichtig, verliert sich einfach wie die flüchtigen Spuren der Karawanen. Der Reisende schaut in Gesichter, die dem Blick nicht ausweichen, deren Lächeln von innen kommt, neugierig und warmherzig. Wo sonst habe ich Menschen bei der Arbeit so viel singen gehört?

Ich habe mich gewundert, wie friedlich diese Täler auf mich wirkten, obgleich sie doch wild und öde sind. Es ist die Harmonie des Ganzen – Menschen, die sich klug seit Jahrtausenden der Landschaft anpassen, die überall sichtbaren Zeichen eines friedvollen Glaubens und eben die Natur selbst, die hier Besonderes geschaffen hat.

Anders als in Pakistan führen Fußtouren fernab der Straßen nicht ans »Ende der Welt« – im Gegenteil. Hier ist die Mitte der Welt, der lebendigen Welt des Buddhismus.

Nordindiens Täler – lebendige Welt des tibetischen Lamaismus (Phuktal Gompa).

Seite 124/125: Nur wenige zogen über Zanskars Pässe (Nordseite des Shingo La).

Klöster zwischen Himmel und Erde

Durch Zanskar von Manali nach Padum

7. August.
Der Propeller zu meiner Linken rührt in zinn-grauer Suppe: ein Zwischenreich aus Düsternis und Wolken. Dann wieder freier Blick in eine Phantasielandschaft, von mehrschichtigen Wol-kendecken vorgegaukelt: ein Meer, so bleiern wie die Irische See, mit Buchten und Inseln. Schwärzliche Wolkenberggrate stürzen am Kabinenfenster vorbei, Wolkentempel und -schlösser. Während des Sinkfluges auf Chandigarh bricht fast die Nacht herein, dabei ist es noch Vormittag.

Nordindien zur Monsunzeit. Das Land ver-birgt sich hinter Vorhängen aus Wasser. Eine Stunde warten wir in der Maschine am Boden auf den Weiterflug nach Kulu. Wasserlachen auf der Rollbahn werfen Blasen. Warten wir wirklich? Möchte ernsthaft jemand wieder auf-steigen in diesen Aufruhr aus Winden und Wolken, der höchsten Gebirgsbarriere der Welt entgegen, um dort in einem engen Tal zu lan-den?

»The flight is cancelled« (Der Flug ist stor-niert).

Der Angestellte der »Vayudoot Airlines«, ein massiger Sikh mit Turban und Barthalter, zwängt sich durch die Reihen, darum bemüht, die Nachricht wie ein unvorstellbares, noch nie dagewesenes Ereignis zu verkaufen. Rätsel-haftes Indien – ein Narr, wer sich jetzt aufregt. Immerhin haben wir doch knapp die Hälfte der Strecke geschafft!

»Why not?« (Warum nicht?) hieß die entrü-stete, beschwichtigende Antwort auf meine vorsichtige Frage beim Einchecken, ob man heute wirklich in den Himalaya fliegen könne, und tatsächlich schimmerte der Morgenhimmel

Seit einem Jahrtausend krallen sich Mönchs-zellen in diesen Felsen (Phuktal Gompa).

über Neu-Delhi noch in seidigem Blau. Nach zahllosen »why not«, die ich in Indien gehört habe, vorzugsweise immer dann, wenn sich meine Bedenken später als berechtigt herausstellten, habe ich dazugelernt. Wahrscheinlich bedeuten die Worte nicht viel mehr als ein verbales Achselzucken – die Götter mögen entscheiden.

Vor dem Abfertigungsgebäude ertrinkt ein halbes Dutzend schwarzer Taxis im Regen – ein kleiner, trauriger Friedhof auf Rädern. Zusammen mit einem Pärchen aus der Schweiz suchen wir uns das neueste Vehikel aus.

»Six weeks only« (erst sechs Wochen alt).

Voller Stolz klopft der Besitzer auf das Dach seines Ambassador, wo an den Falzrändern erster Rost blüht. Der unnachgiebig geforderte Preis von fünfzehnhundert Rupien erscheint uns horrend, am Ziel aber werden wir wissen, was Fahrzeug und Fahrer auf schlammigen Bergstraßen leisten müssen.

»Wie sieht's da oben mit Bergrutschen aus?«
»No problem.«

Unser Chauffeur ist jung und fährt verwegen, wenngleich vorausschauend und reaktionsschnell. Gute Voraussetzungen jedenfalls, um uns sicher nach Manali zu bringen: dreihundertzehn Kilometer nervtötender, hirnloser Straßenkampf. Nirgendwo auf der Welt wird mehr gestorben und gelitten als auf Indiens Fernstraßen.

Chandigarh, die Hauptstadt des reichen Fünfstromlandes, ist früh gealtert und unansehnlich geworden. Erst 1967 war die moderne Metropole vom Reißbrett, bei der kein Geringerer als Le Corbusier den Stift führte, fertiggestellt worden. Doch feuchtschwüles Monsunklima, gepaart mit indischer Lässigkeit,

An den Pässen wehen Gebete zum Himmel (Shingo La).

sorgt für schmutzige Patina. Modrige Backsteinblocks umstehen Rasenvierecke, auf denen klapperdürre Köter den Müll zerfieseln.

Eine knappe Stunde sausen wir durch tischebenes Land, dann sind die ausrollenden Wellen des Himalaya und damit der Bundesstaat Himachal Pradesh, das »Land der schneebedeckten Berge«, erreicht. Die Straße windet sich durch das weiche Hügelland der Shiwaliks, Bäume klingen vom Vogelgezwitscher, Palmen rauschen im Wind. Der eben noch die Erde erdrückende Himmel reißt auf und formiert sich zum Wolkentheater. Längst genießen wir die flotte Fahrt immer tiefer in die Berge hinein. Bei Bilaspur berühren wir den zauberhaften, weitverzweigten Gobind Sagar Lake, den der gestaute Sutlej-Fluß wachsen ließ.

Nach 200 Kilometern ist die Distrikthauptstadt Mandi erreicht, reich an Geschichte und berühmt durch ihre Vielzahl herrlicher alter Tempel. Hier stoßen wir an den mächtigen Beas, der uns stromauf nach Manali führen wird. Das Tal verengt sich zur Schlucht, Wasserfälle gischten herab, der Beas schäumt in seinem knapp gewordenen Bett. Dreimal halten uns Bergrutsche auf, Gemenge aus Schlamm und Steinen, die sich trichterförmig über die Straße ergießen. Den Ehrgeiz des Fahrers, der sich offenbar vorgenommen hat, uns in Rekordzeit abzuliefern, scheinen die Hindernisse nur zu beflügeln. Immerhin läßt er uns jedesmal aussteigen, richtet einen prüfenden Blick auf die Mure und rast los, als wolle er das erbarmungswürdige Vehikel hier unwiderruflich in den Boden rammen. Aber es klappt immer, mögen die Reifen noch so qualmen, Steine in den Radkästen poltern und das Bodenblech Furchen pflügen – er kommt durch und sammelt uns mit triumphierendem Grinsen wieder ein.

Es dämmert bereits, als sich die Schlucht unvermittelt zum Tal weitet. Wir haben eines der ältesten Fürstentümer Indiens erreicht, das Kulu-Tal. Achtzig Kilometer erstreckt sich das »Tal der Götter« nach Norden zum Rohtang-Paß, der ersten Wasserscheide des Himalaya. Flache Reisterrassen bedecken den Talboden, flankiert von üppigen Wiesen an den Berghängen, die in der Höhe von Rhododendron und Himalayazedern abgelöst werden. Ich mag diese mächtigen, etwas streng wirkenden Bäume, die den Tälern des südlichen Himalaya ihre stille Schönheit verleihen. Ihr dunkles Grün ist Wohltat für die Augen, vor allem für den aus dem magnesiumhellen Licht Ladakhs Kommenden. Im alten, hügeligen Ortsteil Manalis finden wir Quartier in einem schön gezimmerten Guesthouse unter Zedern. Regen trommelt uns in den Schlaf.

8. August

Manali erscheint mir wie das Berchtesgaden Indiens. Knapp 2.000 Meter hoch gelegen, ist das Klima unseren Alpentälern ähnlich ein Stückchen Garten Eden im Vergleich zur tropfnassen Schwüle der nordindischen Ebene. Stellenweise reicht der Wald bis auf den Talgrund herab, unterbrochen von einladenden Obstplantagen, allen voran die berühmten Apfelbäume. Schneebedeckte Berge umrahmen das Tal – ein gesegneter Flecken.

Dennoch finde ich keine Beziehung zu dem Ort. Die nicht endenden Unruhen in Kaschmir lassen hier offenbar die Touristenzahlen hochschnellen. Und so gediegen Old Manali auch ist in seiner holzgestalteten Behaglichkeit – der Rest ist häufig Beton: gesichtslos, hastig hingeworfen, abstoßend. Doch vor den freudlosen Fassaden schiebt sich ein exotisches Völkergemisch aus Tibetern, Ladakhis, Sherpas neben gutbürgerlichen indischen Großfamilien und Brautpaaren auf Hochzeitsreise. Da wird flaniert und gelebt, gelacht und gefeilscht, gegessen, getrunken, geplaudert, gespielt.

In der Zeit der Karawanenzüge hieß der Ort auch Dana (Futter), denn hier war die letzte Möglichkeit, Vorräte aufzustocken, bevor man die lebensfeindlichen Karstlandschaften des Nordens betrat. Keine andere Bedeutung hat Manali auch für uns: Mit Raja, unserem eben engagierten Führer, kalkulieren wir beim Tee die Mengen Getreide, Gemüse, Kerosin und was wir sonst noch so brauchen werden während der bevorstehenden zehn bis zwölf Tage in Zanskar.

Raja ist ein junger, noch wenig erfahrener Mann, zurückhaltend, fast ein wenig scheu. Doch irgendwie mögen wir ihn. Im übrigen ist seine Aufgabe beim bevorstehenden Trek nicht weltbewegend: ein wenig kochen, beim Lageraufbau helfen, Tragtiere besorgen. Auch wenn Ulrike und ich unsere Wege meist allein finden könnten, nehme ich doch immer gern einen Führer mit. Mit etwas Glück erfahre ich mehr über Land und Leute als aus gelehrten Reiseführern. Kontakt zu Einheimischen ist ohne Dolmetscher praktisch unmöglich, und ich bilde mir ein, daß unser Eindringen in abgelegene Gebiete auf diese Weise ein wenig »entschärft« wird.

Raja plant sorgfältig, läßt sogar für die Lebensmittel genau passende Leinensäcke nähen. Die Bustickets nach Darcha, dem Ausgangspunkt der Fußtour sind für den morgigen Tag ausverkauft, doch Raja verspricht, einen Jeep zu besorgen.

9. August

Jeep und Fahrer bedürfen dringender Überholung. Wichtigstes Utensil ist ein rostiger Schraubenzieher, ohne den die verbogenen, durchlöcherten Türen weder zu schließen noch je wieder zu öffnen wären und offenbar auch der Strom seinen Weg zum Anlasser nicht finden könnte. Aber auch diese Tricks des ebenso mürrischen wie konfusen Jeep-Gebieters greifen heute morgen nicht – müde und widerwillig schlurft der Anlasser in seinen Lagern. Mit schleifender Kupplung rollt das Ungetüm bergab, bockt einige Male, und dann hustet sich der Motor warm. Wild entschlossen wie Piraten entern wir eiligst das Gefährt, ehe der Motor wieder abstirbt. Irgendeiner der zahllosen Götter des Kulu-Tales wird auf den nächsten 140 Kilometern schon seine schützende Hand über uns halten. Unser Schweizer Pärchen ist auch noch dabei, und so bleibt bei sechs Personen und all dem Gepäck wieder nur die bestens vertraute harte, kantige Enge in einem ungefederten Jeep, der schon Methusalem gedient haben mag. Nicht, daß ich unzufrieden bin, mehr sehen als durch ein Busfenster werden wir allemal. Doch immer häufiger sehe ich mich in sehnsuchtsvollen Träumen allein mit Ulrike, ganz entspannt, ohne Angstschweiß und ohne Eile in einem funkelnagelneuen Jeep über die kühnen Straßen des Himalaya zuckeln, anhalten und schauen, wo immer wir wollen. Die ersten fünfzig Kilometer bis zum Fuß des Rohtang-Passes folgen wir dem gemächlich an-

steigenden Beas, vorbei an Apfelplantagen und hin und wieder kleinen Ansiedlungen wie Farbtupfer im satten Grün. Dann aber klettert die Straße in engen Kehren zum Paß hinauf: ein Steilaufschwung von achtzehnhundert Metern – einmal die Eigernordwand. Zedern, Eichen, Kastanien und Kiefern zerlaufen im Nebel zu einem chinesischen Aquarell. Plötzlich ein freier Ausblick über der weißgrauen Watte, blaue Löcher im Himmel – und schon zieht sich der Vorhang wieder zu. Erst mit der Baumgrenze lassen wir die dichte Nebeldecke unter uns.

Schmal und still wie ein Fjord liegt das Kulu-Tal da, Wolken schwimmen heran, umspülen weich alle Vorsprünge und Grate und branden sacht gegen die Barriere zu unseren Füßen. Schnelle Rast in Marhi, einer Ansammlung von auf die Grashänge hingestreuten Teebuden. Kurz darauf stehen wir windgezaust 3.955 Meter hoch auf dem Rückgrat der Pir Panjal-Kette.

Rohtang bedeutet »Leichenhaufen«. Seinem üblen Leumund wurde der Paß immer wieder gerecht. Wie die wilde Jagd können die Wolken aus Süden heranstürmen, den Sperriegel des Pir Panjal rammen und mitten im Sommer unerwartet Schneestürme auslösen. Obgleich einer der niedrigsten Pässe im Himalaya, trennt er doch abrupt Welten wie kaum ein anderer.

Das Tal in unserem Rücken hieß nach alten Überlieferungen Kulantapith – »Ende der bewohnbaren Welt«. Es überstieg die Vorstellungskraft der Menschen in den niederen Regionen, daß ein Leben zu Füßen dieser nackten, abweisenden Berge und funkelnden Gletscher dort drüben möglich sei. Vor uns liegt Lahoul. Bunte Gebetsfahnen, vom Wind halb zerrissen, markieren die Religionsgrenze. Zurück bleiben die zahllosen hinduistischen Gottheiten des Kulu-Tals mit ihren verwickelten Beziehungen. Hinter der Gebirgsmauer leben Menschen, deren Kultur nicht in Indien, sondern im fernen Tibet wurzelt.

Zwanzig Kilometer enge Serpentinen und singendes Getriebe bringen uns ins Tal des Chandra-Flusses. Schlaglöcher des letzten Winters rütteln uns in die Sitze. Die Berghänge sind im unteren Teil noch grün, zu ihren Füßen liegen kleine Siedlungen mit flachen, tibeti-schen Lehmhäusern, Weiden und Pappeln neben künstlich bewässerten Kartoffelfeldern. In Khoksar werden unsere Pässe kontrolliert, dann geht es weiter, immer den grauen Schmelzwasserfluten des Chandra nach. Wasserfälle gischten von den Wänden Gletscher züngeln durch enge Schluchten oder kleben in Felskaren, und immer wieder schmutzige Kegel von Frühjahrslawinen. Hin und wieder halten uns Bautrupps auf, die versuchen, den Berg zu stützen und daran zu hindern, die schmale Narbe von Straße unter sich zu begraben. Straßen im Himalaya sind oftmals Straßen der Tränen. Wer einmal die verhuschten, ausgebrannten Gestalten an ihren Rändern gesehen hat, wird dieses Bild nicht mehr los. Nepalesinnen, schmal, zerbrechlich, exotisch schön in ihren buntgewebten Saris hocken da barfuß

Wie ein Schiffsbug schiebt sich der Gumborangan ins Tal.

Zähe Bewohner wandelten eine Wildnis zur Kulturlandschaft.

Seite 132/133: Der Tag kommt, als werde das Licht angeknipst (Schlucht des Tscrap Lingti-Flusses am Morgen).

auf spitzem Schotter, zu dem sie den Fels mit Fäusteln, Schlegeln und Hämmern zerstückeln. Sie husten sich den Staub aus den Lungen. Im Staub entdecke ich neben Eßtöpfen und Teekesseln vereinzelt bunte Bündel am Boden. Es sind die Babys der Frauen, und die Straße ist ihr Leben. Zwei Frauen schuften im wiegenden Rhythmus mit einer Schaufel, einer großen, schweren Männerschaufel. Ein Strick ist an den Stiel gebunden, mit dessen Hilfe die andere etwas von der Last übernimmt.

In Khakiuniformen stolziert Militär hinter gebeugten Rücken, als würde es Leibeigene beaufsichtigen. Tatsächlich werden die Fremdarbeiter häufig wie Sklaven gehalten – noch ärmere Nachbarn eines armen Landes.

Von der Landschaft sehen wir immer weniger. Unser Chauffeur scheint sich am wohlsten inmitten von Militärkolonnen zu fühlen, überholt waghalsig auf der Schotterpiste von einer nachtdunklen Auspuffwolke in die nächste. Höflich darauf angesprochen, kurvt er hart an den Abgrund, stellt mit theatralischer Gebärde den Motor ab und rennt ein gutes Stück weit den Hang hinauf. Dort sitzt er schmollend wie ein Vierjähriger und spielt mit seinem Schraubenzieher. Für mein Leben gern würde ich ihn dort sitzen lassen und einfach weiterfahren, aber ohne sein Spielzeug kriegen wir kaum eine Tür auf, geschweige denn diesen verdammten Blechhaufen wieder in Gang. Raja steigt aus und führt den Fahrer am Arm wie einen bockenden Gaul wieder an seinen Arbeitsplatz.

In Sissu erweitert sich das Tal zu einem fruchtbaren Becken, dann zieht es sich wieder

Halb vergraben in der Erde und mit Feuern aus Yakmist trotzt man dem bitterkalter Winter.

zusammen, und über Serpentinen stoßen wir hinab nach Tandi. Hier vereinigt sich der Chandra mit dem aus den Bergen Lahouls herausstürmenden Bhaga zum Chenab, einem der großen Flüsse des Fünfstromlandes. Wenige Kilometer weiter erreichen wir Keylong, die lebhafte Hauptstadt des Distriktes Lahoul und Spiti, und als sich das bislang enge Tal wieder öffnet, ist die Tortur vorbei. Wir sind in Darcha, hier beginnt für uns die Fußgängerzone. Doch der Manali Leh Highway führt weiter. Rund

330 Kilometer durch größtenteils baumloses und unbewohntes Gebiet überklettert er drei weitere Pässe, darunter den 5.325 m hohen Taglang La, der als derzeit höchster befahrbarer Paß der Erde gilt.

Darcha (3.300 m) ist eine herbe Enttäuschung. Wir hatten ein Dorf erwartet, finden aber nichts als ein paar Zelte und Hütten sowie den üblichen Checkposten. Immerhin gibt es eine schöne Wiese für unser Lager. Eben hält ein Lastwagen an der Straße, ein offener

Kipper, der eine bunte Schar schalumwickelter Gestalten entläßt. Mit müden, klammen Gesichtern klettern Straßenarbeiterinnen herunter und verschwinden in Zelten.

Zusammen mit Raja feilsche ich bei finster dreinblickenden Pferdebesitzern um Tragtiere. Sie haben hier das Monopol, der Tourismus boomt, und sie genießen ganz offensichtlich ihre Schlüsselrolle. Erst heißt es, alle Pferde seien unterwegs und wir sollten in ein paar Tagen wiederkommen. Dann gibt es plötzlich doch Tragtiere für uns; die Hälfte der Summe müssen wir im voraus gleich bezahlen. Morgen früh könnten wir starten, der »horseman« sei ein Nepali. Das freut mich, denn ich bin oft in Nepal gewesen und habe an die Menschen dort nur die allerbesten Erinnerungen.

10. August

Von früh kann keine Rede mehr sein, als ein ebenso gelangweilter wie mißmutiger Mann vor unser Zelt schlurft, flankiert von zwei Pferden, an denen er sich eher festzuhalten scheint, als daß er sie führt. Mit schrägem Kopf sieht er an uns vorbei und sagt nur: »Padum.« Kein Zweifel, das ist unser Mann, und ich spüre sofort, daß es mit ihm viel Ärger geben wird. Doch die Freude, endlich wieder auf zwei Beinen unterwegs zu sein, ist zu groß, als daß wir uns jetzt den Tag verderben ließen.

Wir laufen mit Raja los, stromauf am linken Flußufer in das Tal hinein, das vom Shingo La herabkommt. Wir passieren die kleinen Weiler Rari und Chika, danach führt der Weg sanft bergan entlang trockener Hänge. Nach 2¹/₂ Stunden finden wir einen schönen Rastplatz auf glatten Felsen neben einem Steinhaufen mit bunten Gebetswimpeln. Er liegt am Rande einer engen, tiefen Schlucht, durch die ein Wasserfall tost. Eine Kleinigkeit zum Essen wäre jetzt schön – wo bleibt der horseman? Drei Stunden später kommt er angeschlendert; der Lunch im letzten Dorf hat ihn wohl länger aufgehalten. Ab jetzt soll er vorausgehen, damit wir ihn immer im Auge haben. Aber der Anblick dieses unablässig Steine werfenden Pferdeschinders ist auf Dauer auch nicht erbaulich.

Wir hangeln uns, einander stützend, durch einen wild schäumenden Seitenbach, der jetzt am Nachmittag seinen Höchststand erreicht hat, und bald darauf schlagen wir schon unser Lager auf einer kleinen, grasbedeckten Ebene auf. Gern würden wir noch weitergehen, aber hier bestimmen die Tiere den Marschplan, und die Etappen orientieren sich an den Weideplätzen.

11. August

Knapp 3 Stunden gemütliches Gehen über Almwiesen und zwischen Blockwerk, dann stehen wir an einer luftigen Zugbrücke. Einzeln lassen wir uns und das Gepäck im Lastenkorb über den reißenden Barai-Fluß ziehen. Die Pferde nehmen einen längeren Weg und passieren eine entfernte Schneebrücke. Über steile Serpentinen führt der Pfad jetzt in das Tal hinein, das vom Shingo La herunterkommt. Es ist noch weitgehend grün, doch erste Schneereste künden von der zunehmenden Höhe. Wir rasten am Beginn der weitläufigen Chuminakpo-Alm, ein Hirte gibt uns etwas Lassi. Unser Lager bauen wir auf 4.600 m Höhe am obersten Almboden. Über dem Tal verglühen in der Abendsonne die schneebedeckten Gipfel Lahouls.

12. August

Das Tal liegt noch im frostklaren Schatten, als wir über Geröll, Firneis und Gletscher zum Paß hinaufziehen. Doch schon bald erreichen uns die Fanfarenstöße der Morgensonne – Eis funkelt und Schneebrücken leuchten. Schneller als erwartet sind wir 5.050 m hoch am Shingo La und stehen auf dem Rücken des Himalaya-Hauptkammes. Zwei sorgsam geschichtete Stein-Tschörten, über und über mit Gebetsfähnchen behängt, zeugen vom Dank der Reisenden an die Götter. Der Wind nimmt die Gebete mit. Der Name des Passes bedeutet »Holz tragen«, denn in der weiteren Umgebung gibt es kein Brennmaterial. Zwei Gipfel bieten sich zur Besteigung an: der offensichtlich einfache, verfirnte Shingo Kang, etwa 500 m über der Paßhöhe, der uns aber nicht genügend reizt, und für den zweiten, den 5.950 m hohen Zanskar Peak, fehlt uns jetzt die Eisausrüstung. Doch nicht der Berge wegen sind wir hier unterwegs, sondern wegen eines Tales, das versteckt in den Falten des Himalaya daliegt, dort, wo die Zeit stillsteht: Zanskar, »Tal des weißen

Belustigt inspizieren Bäuerinnen die Trekker-zunft.

Kupfers«. In wenigen Stunden werden wir dort sein. Ungeduldig eilen wir 500 m über vereinzelte Schneefelder und Blockwerk hinab, begleitet von Murmeltierpfiffen.

Wir sind überrascht, die Nordseite des Passes erheblich schneefreier vorzufinden; offenbar wird seine Südseite noch von letzten Monsunausläufern berührt. Diese Schnee- und Eisfelder sind die Wasserspeicher der Täler. Hier wird zur Sonne gebetet, wenn man Wasser braucht. Sie bewirkt die Schneeschmelze und schickt Wasser zu Tal, das das Land feuchtet. Regen während des Sommers gibt es kaum.

Unter einer gewaltigen Felswand, wo zwei breite Bäche zusammentreffen, warten wir auf unsere Helfer. Gemeinsam mit den Pferden durchqueren wir den eiskalten, oberschenkeltiefen Gletscherfluß. Auf den ersten Blick, im weicheren Licht des Nachmittags, zeigt sich Zanskar voller Wärme. Erdige, rostrote Farbtöne der Berge, Grün in vielerlei Schattierungen auf den Feldern im Tal, ockerfarbene Felsbrocken, die wie von Riesenhand ausgestreut herumliegen, in der Ferne verlieren sich weiße Tschörten – ein Bild, das den Eindruck

erweckt, hier sei die Behaglichkeit zu Hause. Doch das Gegenteil ist der Fall: Das Land ist geprägt durch extrem kalte, lange Winter mit heftigen Stürmen. Es ist eines der höchstgelegenen, ständig besiedelten Gebiete der Erde, mit verkehrsfeindlicher Lage, ohne natürliche, einfache Zugänge. Erst seit 1980 ist das Herz Zanskars, die Ebene um die Hauptstadt Padum, durch eine grobe Straße über den Pensi La während des Sommers mit der Welt draußen verbunden. Die expansiven Energien der großmächtigen Indischen Union zwangen das winzige Land in die Neuzeit, doch die beginnt hier nur widerstrebend. Die Region Lugnok, die wir durchwandern wollen, ist vom übrigen Zanskar während des Winters praktisch abgeschnitten.

Sanft führt der Weg bergab und durchquert einige schnell fließende Seitenbäche. In der Ferne sehen wir schon die weißen Häuser von Kargiakh (4.200 m), unserem ersten und gleichzeitig dem höchsten Dorf auf Zanskars Boden.

Raja und der Pferdetreiber sind längst unseren Blicken enteilt. Wir dagegen gehen immer langsamer, so sehr verzaubert uns dieses stille Tal. Wir nehmen uns Zeit für die Bergblumen am Wegrand, entdecken hinter Felsen den berühmten blauen Scheinmohn.

Dieses fremde Land, das wir gerade betreten haben, erscheint uns beinahe vertraut, so als seien wir heimgekehrt. Es dauert eine Weile, bis wir den Grund begreifen – es sind die friedvollen Zeichen des Buddhismus. Sie haben die Wildnis zur Kulturlandschaft gewandelt, in der man sich geborgen fühlen kann. Still und harmonisch fügen sich die Tschörten in die Täler und zeichnen den Weg voraus wie weißgetünchte Meilensteine. Eine hundert Meter lange Manimauer, auf der die Ziegen turnen, erscheint schon fast wie Landschaftskunst. Nirgends wirken diese Elemente aufgesetzt, immer hat es den Anschein, als seien sie mit der Landschaft mitgewachsen. Ganz unverfälscht haben sich hier tibetische Kultur und die Religion des tibetischen Lamaismus erhalten.

Die sommerliche Idylle trügt:
Bald wird wieder grimmigster
Winter das Land überziehen.

Jede Besatzungsmacht ist immer wieder schnell von allein verschwunden, keine war den bitterkalten Wintern gewachsen.

Zurückblickend zum Shingo La sind wir fasziniert von der Wucht des Gumborangan, eines bizarren Granitfelsens, der das Tal wie ein Schiffsbug zerteilt.

Spät erreichen wir das Lager vor Kargiakh, wo schon viele andere Zelte stehen. Trekker aus Lamayuru oder wie wir aus Süden – alle machen Rast auf dieser herrlichen Blumenwiese zu Füßen einer Gruppe von Tschörten.

13. August

Breite Talabschnitte mit leuchtenden Getreidefeldern wechseln mit öden, windgepeitschten Schluchten und staubigen Wegen, dazwischen kleine Weiler mit flachen weißgetünchten Häusern zu Füßen kupferfarbener Berge. Dann wieder Dorfanlagen, die sich ineinander und gleichzeitig in die Erde verkriechen – Tribut an extrem kalte Winter und ein Land, das keinerlei Brennmaterial bietet. Hände und Arme der Frauen sind dunkel vom Dung für die Lehmöfen, und sie bleiben es auch. Wasser ist zu kostbar, um zum Waschen vergeudet zu werden. Eine Frau fädelt sich durch ein brusthohes Gerstenfeld, um uns zu begutachten. Dann lacht sie uns an: ein breites, schwarzes Lachen, in dem sich ein letzter Zahn behauptet. Dunkel auch das Gesicht: zum Schutz gegen die Höhensonne wird etwas Erde aufgetragen. Die Feldarbeit ist Sache der Frauen – bäuerliche Plage, Handarbeit, Knochenarbeit, Rückenbeugen um das allerbescheidenste Stückchen Leben, bedroht von Fluten, Stein- und Schlammbegräbnissen, die alle Mühe in Sekunden zunichte machen. Ständig bedrohen hungrige Wölfe das Vieh.

Und doch wäre es in meinen Augen falsch, die Zanskaris »arm« oder gar »rückständig« zu nennen. Es sind Begriffe, die westlichen Maßstäben entlehnt und hier völlig fehl am Platz sind. Den Menschen hier ist es sogar gelungen, Überschüsse zu erwirtschaften und zu verkaufen. Die Frauen besitzen kostbaren Schmuck,

Klöster wirken nicht gebaut, sondern mit der Landschaft gewachsen (Bardan Gompa).

den sie auch bei der Feldarbeit tragen. Daß sie überhaupt zwischen den langen, schneereichen Wintern Gerste zur Reife bringen, verdanken sie neben der starken ultravioletten Strahlung vor allem einer ausgeklügelten Methode: Bereits im Mai, wenn der Boden noch unter einer dicken Schneeschicht ruht, verteilen sie dunkle Erde auf den Feldern, wo sie die Sonnenwärme absorbiert und den Schnee darunter schmelzen läßt.

Der hochentwickelte Gemeinsinn dieser Völker hinter dem Himalaya hat etwas erreicht, was höchste Achtung verdient: Sie haben die Wüste zum Blühen gebracht, eine mondtote Welt in eine menschliche verwandelt, die sie ernährt.

Im Dörfchen Tetu wartet der Pferdetreiber, um uns mitzuteilen, daß er nicht mehr weiter will. Nach langem auf-ihn-Einreden gelingt es uns, ihn umzustimmen. Aber nun muß er erst Futter für die Pferde besorgen, er wisse nicht, wie lange das dauert. Auch Raja verzweifelt an dem Nepali und ist uns keine Hilfe. Darüber hinaus haben wir längst bemerkt, wie fremd beide als Hindus hier sind und wie wenig sie sich für das Land interessieren.

Unser Tagesziel Purne (3.850 m) empfängt uns im schönsten Abendlicht. Das stattliche Gehöft liegt wie auf einer Insel, dort, wo sich diese Teile des Lugnok- und Tsarap-Flusses treffen, umgeben von rötlichen, eisenhaltigen Bergen. Den Durst des achtstündigen Marsches löschen wir heute mit Lassi, zum ersten Mal dürfen wir uns daran richtig satt trinken. Zufrieden kriechen wir ins Zelt und freuen uns auf den morgigen Tag, den Abstecher zum Kloster Phuktal, sicher der Höhepunkt dieses Treks. Dazu werden wir allein sein und unseren Begleittroß erst am Nachmittag wieder treffen.

14. August

Während der ersten eineinhalb Wegstunden in der engen, verwitterten Schlucht des Tsarap Lingti-Flusses haben wir das Gefühl, durch eine Miniaturausgabe des Grand Canyon zu laufen. Helle, rostrote Felswände, darüber der gläserne Morgenhimmel der Wüste. Als wir aufbrachen, lag das Tal noch im Dunkel, aber jetzt zieht die Sonne wie ein gigantischer Strahler hoch, ein Licht wie gemeißelt. Weichflutendes

Licht, Nebel, Tau oder Dunst gibt es in Zanskar nicht. Im Grunde reduziert sich alles auf hell oder dunkel. Diese pechschwarzen Schatten, die wie schraffiert über Bergflanken kriechen – so etwa stelle ich mir das Licht auf dem Mond vor. Wären da nicht die gelegentlichen Oasen, könnte ich mir sogar alle Farben wegdenken. Schade, daß ich keine Schwarzweißfilme dabeihabe.

Der Pfad ist streckenweise in senkrechte Felswände geschlagen, tief unter uns eingeschnürt schäumt der Fluß. Wir queren ihn schließlich auf einer schwankenden, aber soliden Hängebrücke, steigen ein wenig aus der Schlucht heraus, und dann empfängt uns ein Anblick, der schweigen macht, der eigentlich nicht zu beschreiben ist.

Es ist nicht nur das schönste Kloster, es ist das unglaublichste Bauwerk, das ich je gesehen habe. Ein Wasserfall kleiner weißer Gebäude ergießt sich aus knapp hundert Meter Höhe vor einer Felswand, umschlossen von einer riesigen Höhle. Ihr verdankt das Kloster seinen Namen: Phuk bedeutet Höhle. Sie ist Teil einer stark verwitterten, senkrechten Felswand von heller Sandfarbe, die am oberen Rand durch ausgewaschene Felsfiguren gekrönt ist. Aus der Entfernung wirkt es, als hinge die Anlage frei rund 250 Meter über dem Fluß und krallte sich mit Klauen in die Wände. Erst beim Näherkommen nehme ich die einzelnen Felsvorsprünge und -säulen wahr, auf denen sie ruht.

Zwei Dutzend Tschörten, die den Pfad hinauf wie steingewordene Wächter säumen, stimmen auf den geheimnisvollen Ort ein. Der Wind trägt rhythmische Wortfetzen zu uns herunter, dazwischen metallisches Gerassel – die Gebete der Mönche. Man hat uns offenbar kommen sehen, jedenfalls werden wir am Eingangstor erwartet und freundlich willkommen geheißen.

Wie es für Besucher üblich ist, bezahlen wir einen Obolus zum Erhalt des Klosters und werden von zwei freundlichen Mönchen in roten Kutten hinaufgeführt. Über steile Stufen gelangen wir ins Innere der Anlage, einen Wirrwarr aus dunklen Gängen, Leitern, Terrassen, Innenhöfen.

Hoch über uns wölbt sich das Halbrund der Höhle zu einer gewaltigen Kuppel. Weiter draußen kreisen Adler im Aufwind, vor der Öffnung schweben Dohlen, irgendwo gurren Tauben, scheinbar zielloses Geflatter von Fledermäusen, dazu jähe Tiefblicke zum Fluß – kein Ort für Schwindelige.

Die Mönche zeigen uns verschiedene Tempelräume, Versammlungshalle und Bibliothek. Sie führen uns auch zu der einfachen Steinplatte, deren Inschrift an Csoma de Körös erinnert. Der Ungar gilt als Vater der Tibetforschung und verbrachte in den Jahren 1825/26 einige Monate in Phuktal. Der Ursprung des Klosters ist nicht genau überliefert; wahrscheinlich wurde es von dem Lama Rintschensangpo gegründet, der im 11. Jahrhundert den Buddhismus nach Westtibet brachte. Heute beherbergt es 70 Mönche der reformierten Gelupga-Sekte mit ihren gelben Mützen und dem Dalai Lama als geistliches Oberhaupt.

In einem der Tempelräume sind etwa 30 Mönche in zwei gegenüberliegenden Reihen versammelt. Eben nehmen sie wieder ihre Gebete auf. Wie Säulen hocken sie da auf untergeschlagenen Beinen, lippenfaules Gemurmel verliert sich in dem halbdunklen Raum. Decken und Wände sind reich geschmückt, an der Stirnseite thront ein riesiger Buddha. Ganz plötzlich ist Schluß, ein Novize schleppt eine ungeheure Kupferkanne die Reihen entlang und schenkt in Windeseile die Trinkschalen voll. Da wird geschlürft und geschmatzt, gesabbert, geschneuzt, gerülpst, gegähnt, gelacht. Auch wir sind einbezogen und werden verköstigt. Nach jedem Schluck wird sogleich nachgefüllt, so daß man immer auf eine randvoll gefüllte Tasse Buttertee schaut, auf dem Fettaugen glänzen. Ich habe mir frühzeitig abgewöhnt, dieses tibetische Getränk mit Tee in Verbindung zu bringen. Für mich schmeckt es wie eine höchst mittelmäßige Bouillon.

Der Vorbeter sagt ein neues Gebet an. Hier noch ein letzter Schluck, da noch eine Kopfnuß auf einen zappeligen Novizenschädel, und jetzt ertönt ein rhythmisch federnder Sprechgesang. Danach wieder Pause, diesmal wird der Tee mit Tsampa gemengt. Jeder Mönch hat neben sich ein eigenes Säckchen mit geröstetem Gerstenmehl. Eine Handvoll Tsampa kommt in den Tee, der Brei wird geknetet und

zu mundgerechten Kugeln geformt. Die Mönche kennen keine andere Ernährung, aber sie hat aus ihnen, wie die nackten Arme zeigen, muskulöse Männer gemacht. Es folgt das Schlußgebet, und gleich danach zerläuft sich die Schar auf Leitern und Stiegen.

Als wir das Kloster verlassen und auf dem Schlängelpfad zum Fluß zurückkehren, geht mir das rhythmische Gebet nicht aus dem Kopf. Es wird mich noch Tage verfolgen. Immer wieder drehen wir uns um zu dem Wabennest dort oben, wo seit einem Jahrtausend Mönche leben und beten.

Dieses großartige Erlebnis läßt den Stumpfsinn des anschließenden Marsches ertragen: auf und ab in der engen Schlucht des Tsarap. Zu sehen gibt es eigentlich nichts. Gegen halb drei treffen wir in Kyalpo unsere Mannschaft. Wir wollen weiter, der Pferdemann nicht. Der Streit geht zu unseren Ungunsten aus, und mißgelaunt bauen wir das Zelt auf. Später bezieht sich der Himmel, gegen Abend regnet es leicht.

15. August

Weiter gehts, immer der Tsarap-Schlucht nach, teilweise auf schwindelerregendem Pfad. Nur gelegentlich sehen wir die Gipfel hoch über unseren Köpfen. Dreimal begegnen uns Yakkarawanen, die unsere Pferde in Angst und Schrecken versetzen. Auf einem schmalen, abschüssigen Stück gerät eines regelrecht in Panik angesichts der zottigen Tiere, rutscht aus, gleitet um sich schlagend dem Abhang entgegen, und nur das beherzte Zupacken der beiden Karawanenführer bewahrt es vor dem Absturz.

Es sind tüchtige, geschickte Burschen, spürbar stolz auf ihre Unabhängigkeit. In früheren Zeiten reichte sie von Srinagar bis Lhasa, von Gilgit bis Gangtok. Allein mit sich und ihren Herden kämpfen sie sich über die höchsten Pässe und erfüllen dabei eine wichtige soziale Funktion. Sie stellen die Verbindung her zwischen den Hirten auf den Hochalmen und den Bewohnern der tieferen Landesteile.

Das Klima macht die Bewohner dieser Täler zu Halbnomaden: im Winter im Tal und festen Haus, im Sommer auf den Almen in Zelten. Welches Dorf man auch betritt, es herrscht ein

Fleckchenweise wird die Wüste zum Blühen gebracht.

dauerndes Kommen und Gehen: Karawanen und Nomaden, Familienbesuche und Pilger. Heute noch gibt es Orte mit Leihställen, in denen sich Reisende Tiere und Treiber mieten können, um, wenn es sein muß, wochenlang in irgendwelche Täler oder zu weit entfernten Klöstern zu reiten. Die Religion leistet diesem Wandertrieb Vorschub, denn Pilgerfahrten ver-

schaffen ein besseres Dasein im nächsten Leben, zudem sind die Klöster Proviant-stationen.

Der Wegabschnitt des heutigen Tages scheint weitgehend unbewohnt, lediglich auf der gegenüberliegenden Flußseite entdecken wir auf Felsbändern insgesamt drei kleine Dörfer. Die grünen Oasen sind willkommene Erfrischung für die Augen in der graubraunen Monotonie der Schlucht. Besonders Ishar fällt uns auf, dessen Häuser sich wie eine Bastion auf einer Klippe drängen, hoch über dem rauschenden Tsarap. Wo der Fluß mit schäumenden Katarakten durch eine gewaltige Schlucht drängt, steigen wir 200 m aus der Enge heraus und erreichen bald darauf überraschend ebenes Gelände. Wir passieren das Dorf Raru zu Füßen eines hohen nackten Felsens und durchqueren die Ebene, die ein niedriger Paß begrenzt. Gleich dahinter liegt der »Mune Lake«, ein Sammelbecken für die Bewässerung der Gerstenfelder von Mune. Reichen die vorhandenen Zuflüsse für ständige Versorgung der Kanäle nicht aus, wird während der Nacht zufließendes Wasser gesammelt und gestaut. Die weitläufige Grasfläche um den See ist der schönste Lagerplatz bisher, auch wenn wir ihn mit vielen anderen teilen. Im ruhigen Wasser spiegeln sich die umliegenden Gipfel, auf die die letzten Strahlen der Sonne Farbenspiele zaubern. Zwei junge Frauen kehren von der Feldarbeit heim; freundlich, wenngleich ein wenig belustigt inspizieren sie die Schar bunter Zelte und die oft noch bunteren Fremden.

16. August
Am Ende eines steilen, steinigen Hanges oberhalb des Dorfes liegt das alte Gelupga-Kloster von Mune, ein Dutzend weißer Gebäude. Voller Stolz führt uns ein Mönch in die große und anscheinend wertvolle Bibliothek. Leider darf kein Buch geöffnet werden. In einer der beiden Versammlungshallen fällt mir eine sehr alte, höchst kunstvoll auf Seide gemalte Schrift auf. Sie stammt aus dem Potala in Lhasa und wurde sicherheitshalber während der chinesischen Kulturrevolution hierher gebracht.

Äußerst freundlich werden wir verabschiedet und entkommen gerade noch rechtzeitig dem Buttertee. Wieder zwei Stunden ermüdendes Auf und Ab am linken Ufer des Tsarap, bis uns das Kloster Bardan aus den Tagträumen reißt. Sie ist ein unglaublicher Anblick, diese knapp hundert Meter hohe, schlanke Felssäule, auf der das Kloster so selbstverständlich ruht, als sei seine Ummauerung aus dem Fels gewachsen. Der Fluß, der den Fuß des Felssporns umspült, und die senkrechten, weglosen

Flanken haben etwas Bedrohliches und lassen eher an eine Festung denken. So unbezwinglich das Kloster wirkt, ist es aber doch mehrfach von moslemischen Invasoren belagert und geplündert worden. Es gehört zur Dukpa-Kargyüpa-Schule des tibetischen Buddhismus, die heute in Bhutan vorherrscht.

Wir sind erleichtert, als das Tal endlich in die große Zentralebene mündet, und bald darauf sind wir auch schon in Padum (3.600 m). Ich muß zugeben, daß ich von Zanskars Hauptstadt mehr erwartet habe. Sie ist in Wahrheit ein elender Flecken, in der Gesamtwirkung eher eine Ruine. In einem Durcheinander großer Felsbrocken, die ein früherer Gletscher als Hügel abgelagert hat, verbergen sich, teilweise unter gewaltige Felsen geduckt, mehr als hundert meist ärmliche Häuser. Schmale Wege schlängeln sich durch Geröll einem Tschörten entgegen, der die Stadtmitte markiert. Die Spitze des Hügels wird von massiven Mauerresten der früheren Königsfestung eingenommen. Der zentrale Ort war immer Kreuzungspunkt der Karawanen, und seit Zanskar auch auf den Touristenkarten der Welt verzeichnet ist, bedient es das ziehende Volk der Trekker. Restaurants und Hotels, häufig von muslimischen Baltis betrieben, freuen sich über gute Geschäfte, denn Padum ist nicht nur Beginn oder Ende längerer Treks, sondern auch ein idealer Ausgangspunkt für die Klöster der nahen Umgebung.

Die eintägige Busfahrt nach Kargil übertrifft unsere Fußtour noch an landschaftlicher Großartigkeit. Die Hochebene der Zentralprovinz, der 4.400 m hohe Pensi La zu Füßen der gletscherbeladenen Siebentausender Nun und Kun, die sumpfige Ebene von Rangdum mit ihrem eindrucksvollen Kloster und bedrohlichen Bergen und schließlich das wüstenhafte Suru-Tal, gesprenkelt mit grünen Oasen – ein Bilderbuch des Himalaya, in rascher Folge aufgeblättert.

Die buddhistische Welt liegt hinter uns. Wir sehen kleine Moscheen, die Kuppeln mit leuchtenden Blumenmustern verziert, unscheinbare, wenig malerische Dörfer, Aprikosenbäume: Hier leben Baltis, hier beginnt das muslimische Kaschmir.

Tschörten und Manimauern

Buddhas sterbliche Überreste wurden in acht über Nordindien verteilten Grabhügeln beigesetzt. Hieraus ist das symbolträchtigste sakrale Bauwerk des tibetischen Kulturkreises entstanden, die Stupa – oder auf tibetisch Tschörten. Meist sind es keine Gräber, sie enthalten aber häufig Reliquien eines bedeutenden Heiligen. Die Stupa ist ein kleiner, massiver Tempel ohne Öffnungen, der vom Gläubigen im Uhrzeigersinn umschritten wird. Die rechte (reine) Hand muß dem Kultschrein zugewandt sein. Beim Abschreiten einer Manimauer gilt dasselbe. Wenngleich im ganzen Himalaya und in Tibet eine Vielzahl von Formen anzutreffen ist, bleibt doch der Symbolgehalt gleich: Das ganze Bauwerk stellt den Kosmos dar, bestehend aus dem Element Erde (quadratischer, terrassenförmiger Unterbau), darüber das Wasser (gewölbter Mittelteil in Glocken- oder Zylinderform), schließlich die Spitze als Feuer und der krönende Schirm als Sinnbild der Luft. Die Spitze des Tschörten trägt das Symbol der Vereinigung der Gegensätze: den weiblichen, passiven Halbmond und die männliche, aktive Sonne. Aus beiden entsteht das universelle Bewußtsein, und dieser Teil ist dem Äther zugeordnet.

In der Draufsicht erinnert ein Tschörten an ein Mandala, das mystische Diagramm zur Darstellung des Kosmos.

Manimauern entstehen dadurch, daß vorbeiziehende Pilger Jahr für Jahr Stein um Stein aufeinanderlegen, bis das Ganze schließlich Hüft- oder Schulterhöhe erreicht. Es sind eigentlich Altäre, und die Steine sind mit Buddhabildnissen oder der Gebetsformel »Om mani padme hum« bemalt oder geritzt. Die Gläubigen legen sie auf dem Altar nieder, um etwas zu erreichen: steinerne Gebete, von oft kunstvollem Äußeren. Viele meißeln sich ihre Steine selbst, andere lassen sie in Klöstern her-

Den Ziegen sind die heiligen Altäre willkommenes Klettergelände.

Seite 146 außen:
In Zanskar beten die Steine.

Seite 146 innen:
Harmonisch wie Landschaftskunst säumen Tschörten den Weg.

Seite 148/149:
Ständig drohen Steinbegräbnisse, die alle Mühe zunichte machen.

stellen. Auch ein Fremder, der keinen Stein auf dem Mani liegen hat, kann durch bloßes Abschreiten die Gebete in Bewegung setzen. Mit dem Abgehen einer viele hundert Meter langen Manimauer ist natürlich ein gewaltiger Schritt für eine bessere Wiedergeburt getan.

Die Gebetsformel selbst, die alle Gläubigen endlos vor sich hinmurmeln, und die die Papierstreifen in den Gebetsmühlen, die Gebetsfahnen und unzählige Felsen bedeckt, hat keine direkt übersetzbare Bedeutung. Sie wird als »O du Edelstein im Lotus« gedeutet und entspricht in ihrem Sinngehalt etwa: »Heil dem höheren Ich des Menschen.« Dasselbe Ziel verfolgte bereits die griechische Antike: »Erkenne dich selbst, damit du Gott erkennst.«

Nichts geht ohne den Yak

Eines der erregendsten Bilder im Himalaya ist für mich immer noch eine ruhig ihres Weges ziehende Yakkarawane. Die stoische Langsamkeit der hintereinanderher trottenden Tiere, die selbst schon massig und durch seitliche Packtaschen noch gedrungener erscheinen, der knapp über dem Boden schaukelnde Kopf mit aufrechten Hörnern und gesenktem Blick, das Schlagen ihrer Hufe auf gefrorenem Schnee: Alles das verkörpert für mich Kraft, Ausdauer, Genügsamkeit – Eigenschaften, ohne die im Himalaya niemand überlebt. Vor allem aber ist es ein Gefühl von Zeitlosigkeit, das mich angesichts der dunklen, haarigen Rinder ankommt. Es sind Geschöpfe wie aus einem Asien vor der Sintflut. Mag sich der Fortschritt außerhalb der Täler überschlagen – an schneeverwehten Pässen bis zu 6.000 Metern Höhe büßt sogar das Rad seine Bedeutung ein.

Ohne den Yak wären weite Teile des nördlichen Himalaya unbesiedelt geblieben. Viele der halbwüstenartigen Täler bringen nur Nahrung für die Hälfte des Jahres hervor und zwingen die Bewohner, als reisende Händler die Karawanenpfade entlangzuziehen, mitunter monatelang. Wo Geld kaum Bedeutung hat, gilt die älteste Form des Handels: Ware gegen Ware, schwergewichtige Salzblöcke aus Tibet gegen Gerste aus Indien. Jede Gesellschaft braucht ein Nachrichtensystem, gewinnt Einsichten. Kulturen, Religionen entstehen. Ohne die grasbetriebenen Lokomotiven, Schneepflüge, Last- und Reittiere wäre nichts davon möglich gewesen.

Schnell sind sie nicht, vielleicht zwei Kilometer in der Stunde, und mehr als fünf Stunden täglich mögen sie auch nicht dienen ohne störrisch zu werden. Aber was bedeutet Schnelligkeit in einem Gebirge, wo Reisen nicht in Stunden, sondern in Tagen, Wochen, Monaten gerechnet werden! Gemächliche Bewegungen, die wenig Sauerstoff verbrauchen, sind Tribut an die Höhe. Auch Menschen spazieren in Kalkutta anders als in Leh. Lungen wie Blase-

bälge, das Fell wie ein Teppich, ein Rücken für hundert Kilo Last, Trittsicherheit an schwindelerregenden Pfaden, Mut beim Durchqueren eiskalter, reißender Flüsse, Instinkt vor verschneiten Gletscherspalten und auf tückischen Schneebrücken: All das bietet ein Yak. Gibt es kein Wasser, frißt er Schnee. Der Yak braucht Höhe und Kälte. Tiefere Lagen bringen ihn um. Die wenigen wild lebenden Exemplare, die der intensiven Bejagung entgangen sind, weiden in Herden oberhalb 4.500 Meter in den abgelegensten Gegenden Tibets spärliche Gräser und Flechten. Im Frühjahr stößt der Yak die Unterwolle seines Fells ab, die ihn im Winter vor Temperaturen bis –40 Grad Celsius schützt, und das bei einer Körpertemperatur, die um 4 Grad höher ist als die menschliche.

Die Schulterhöhe eines Bullen erreicht 1,80 m und sein Gewicht 600 kg. Die Kühe, die Dri genannt werden, sind deutlich kleiner und leichter. Herkunft und Biologie sind praktisch unbekannt, ihre Urheimat wird in den Hochebenen Zentralasiens vermutet. Den Bewohnern des Himalaya ist das gleichgültig. Für sie ist der domestizierte »tibetische Grunzochse« das nützlichste Tier der Welt, ein Athlet an Muskeln und Gemüt. Er zieht den Pflug auf steinigen Gerstenfeldern und weidet im Herbst das Kraut zwischen den Gerstenstoppeln ab. Dabei liefert er gleich wertvollen Dünger, der bis zur nächsten Saat liegenbleibt. Auf den Sommeralmen selbst brauchen die Yaks kaum Aufsicht. Mit ihrer rauhen Zunge reißen sie ein paar harte Grasbüschel ab.

Die Kühe, denen keine Lasten aufgebürdet werden, liefern sehr fettreiche, wohlschmeckende Milch für Yoghurt, Käse und vor allem die kostbare Butter, ohne die kein Salztee schmeckt. Ist sie verdorben, taugt sie immer noch für die Öllämpchen in den Klöstern. Die langen Haare der Tiere, die als Windschutz fast bis zum Boden herunterhängen, geben feste Seile, aus der weichen Wolle der Bauchpartie webt man Decken und verschiedene Kleidungsstücke, das übrige Haar liefert Garn für die winddichten Nomadenzelte. Ihr Mist, der ausgetrocknet völlig geruchlos wird, ist in den baumlosen Hochtälern oft das einzige Brennmaterial. Zusätzlich sind die Tiere während des langen Winters im Erdgeschoß des Hauses eine zuverlässige Fußbodenheizung für den darüberliegenden Wohnraum.

Obgleich Yaks nicht sehr angriffslustig sind, werden sie beim Beladen mitunter störrisch, schlagen aus oder stoßen mit ihren spitzen Hörnern. Deshalb binden die Männer ihnen die Vorderbeine zusammen und treten auf die Pflockleine, damit der Yak den Kopf senken muß. Dabei reden sie beruhigend auf die Tiere ein. Am Nasenring lassen sie sich leicht führen, und die Ordnung in der Karawane wird durch die Steinschleuder aufrechterhalten.

Buddhisten ist das Töten von Tieren untersagt. Aber dennoch werden Tiere geschlachtet. Tibeter halten es für grausam, einem Tier die Kehle durchzuschneiden. Mit einem starken Riemen werden daher dem Tier Maul und Nase zugebunden, bis es erstickt.

Die Verwertung eines Yak ist total, kaum ein Stück bleibt ungenutzt Das Fleisch trocknet in der kalten, trockenen Luft und unter intensiver Sonnenstrahlung zu beinahe holzharter Kon-

sistenz. Damit hat man jahrelang haltbaren Proviant und einen schmackhaften Tauschartikel für dringend benötigte Gerste aus dem Süden. Leber und Niere werden in gefrorenem Zustand roh gegessen, mitunter sogar die knorpeligen Gelenke. Die Sehnen werden in China für medizinische Produkte verwendet. Mit der Haut kann man Boote bespannen oder daraus Riemen, Gurte und Zaumzeug schneiden, aus dem dicken Leder werden Schuhsohlen angefertigt. Lunge und Gedärme werden, gefüllt mit Reis und Gerste, zu Würsten. In den Yakmagen näht man für den Transport Butter ein, in die frische Haut Teeziegel. Hörner verwandeln sich in Schnapsbehälter oder aber sie werden mit Gebetsformeln beschnitzt und als Opfergaben an Paßübergängen niedergelegt. Selbst der armlange Schwanz, begehrt in Indien und Nepal, findet noch als Wedel Verwendung. Besonders wertvoll waren früher die silbrig glänzenden Schweife weißer Yaks, die Helme und Pferde von Königen und Maharadschas zierten.

»Yak und Yeti« heißt das berühmteste Hotel in Katmandu, sicher nicht zufällig. Beide Wesen stehen symbolisch für den Himalaya. Dem Yeti bin ich nie begegnet, dem Yak sehr oft. Ich wünsche mir, daß die Karawanen noch lange durch den Himalaya ziehen.

Wo das Rad seine Bedeutung einbüßt, wird der tibetische Grunzochse zum Sattelschlepper.

Brief aus Ladakh

Eine Besteigung des Stok Kangri

»Der Mensch sucht die Grenzsituation, um darin die äußerste und innigste Lebensintensität zu erfahren.« *Lionel Terray, Bergsteiger*

Lieber Horst,

Du erinnerst Dich sicher, was Du mir bei meiner Abreise mit auf den Weg gegeben hast: Ich sollte doch einen anständigen Berg besteigen und nicht eine sechstausend Meter hohe Schutthalde! Deine Worte klingelten mir in den Ohren, als ich aus dem Flugzeug zum ersten Mal auf Ladakhs Mondberge hinuntersah. Ich mußte an Nepal denken, ein halbes Jahr ist das jetzt her, wie wir beide hingerissen vor funkelnden Sieben- und Achttausendern standen. Annapurna und Dhaulagiri, was für Berge! Und nun dies. Ein Land wie ein braunroter Ozean – gestaffelt anrollende Wogen, spitze Wellenkämme, die sich in der Ferne verlieren. Ein Land, das scheinbar verlassen daliegt, von einem feindlichen Gestirn gesengt und gedörrt. In der mondtoten Wüste entdeckte ich einen grünlichen Faden – den Indus. Eine helle Linie schlängelt sich über einen aschfahlen Hang zum Fluß und verschwindet in Bocksprüngen und wild gezackt in der Schlucht. Das konnte nur der Beacon Highway sein, den ich dann später vom Lastwagendach aus erlebte – was für eine Straße! Sven Hedin brauchte auf dem alten Karawanenweg von Srinagar nach Leh noch 6 Wochen, im Fahrzeug dauert es zwei Tage, und ich saß noch nicht einmal eine Stunde im Flugzeug, als es bereits die Nase senkte und in die breite Ebene zwischen Himalaya und Karakorum hinabglitt.

Was Ladakhs Bergen an Format fehlt, machen Farben allemal wett.

Flach und träge mäandert der Indus durch staubtrockene Wüste, gibt ihr entlang der Ufer und auf steinigen Inseln etwas Leben. Senge Kabab, »der aus dem Rachen des Löwen fließt«, heißt er bei den Ladakhi. Fünfhundert Kilometer mußt Du von hier stromauf durch die westtibetische Hochebene wandern, dann kommst Du zu seiner Quelle. Er entspringt aus den Tiefen des heiligen Berges Kailash, der Hindus und Buddhisten gleichermaßen als Sitz der Götter gilt – der Olymp Asiens.

Leicht benommen durch die noch ungewohnte Höhe (Srinagar liegt auf 1.800 m, Leh fast doppelt so hoch) brachte ich in der Flughafenbaracke die übliche Registrierungszeremonie hinter mich. Mit mir war noch Antonio, ein junger Portugiese mit Wohnsitz in Singapur, der sein Herz gerade an Zanskar verloren hatte. Auf Srinagars zauberhaftem Dal-See, wo man es sich gern einmal ein paar Tage lang gutgehen läßt, waren wir zufällige Nachbarn in unseren Hausbooten gewesen. Er ließ sich von meinem Vorhaben einer Bergbesteigung in Ladakh anstecken und kam kurz entschlossen mit. Du weißt selbst, wie es auf Reisen ist – ein wenig sich treiben lassen, spontan eine Idee aufgreifen und nicht immer felsenfest an Plänen festhalten, das ist eigentlich schon alles, worauf es ankommt.

Ladakhs Hauptstadt hat zwar nur rund 10.000 Einwohner, aber Du wirst Leh auf jeder Asienkarte finden. Die wirre politische Lage stört die Völker der Berge kaum in ihrer Kommunikation, und Leh ist noch immer der wichtigste Treffpunkt. Hier war über Jahrhunderte die Welt zu Gast, manchmal einen ganzen langen Himalayawinter – Leh ist die Jausenstation schlechthin am Kreuzungspunkt der Karawanenrouten von Lhasa nach Persien und von Sinkiang an den Indischen Ozean.

Auf der Hauptstraße mit ihren kleinen Herbergen und offenen Läden, vor denen Ladakhi-Frauen Gemüse ausgebreitet haben, zieht der Alltag in kräftigen Farben vorüber. Über der Stadt thront der alte Königspalast, ähnlich dem Potala in Lhasa.

Das Tal des Indus ist hier breit, und auf dem Weg durch leuchtendgrüne Gerstenfelder bekommt es fast liebliche Züge. Die in den Himmel geschriebene Zackenlinie der Stok-

Berge, die Zanskar vom Indus trennen, mit ihren Gletschern und Firneishauben ist beruhigend und weit entfernt, wie an den Rand geschoben. »Unser« Berg ist augenscheinlich der höchste der Gruppe. Fast senkrecht fällt seine Nordseite im oberen Teil zum Industal ab, bestimmt tausend Meter. Scharfe Grate begrenzen die Wand, alles andere als eine Schutthalde. Kein Prunkstück des Planeten, aber ein schöner, verlockender, »anständiger« Gipfel; er hätte Dir gefallen. Warte, bis Du die Bilder siehst! »Kang-Lha-Cha« nennen ihn die Bewohner Lehs, was soviel heißt wie »Gottes Eismütze.« Wenn ich die Kopfbedeckungen der Götter auch nicht kenne, erinnert er doch zumindest an die Hüte einiger Mönchsorden. Drüben in Stok heißt er übrigens Stok-Kangri, und dieser einfachere Name scheint sich auch durchzusetzen.

Der Tag war schön, sonnig, durchsichtig, wie aus Glas geblasen. Wir saßen einen halben Nachmittag da, schauten hinüber zu den Bergen und entwarfen Aufstiegsrouten. Das tollste aber ist das Licht, das solltest Du einmal sehen. Kein Foto kann das wiedergeben. Wir ließen uns berauschen von den Stimmungen, wenn Schatten schneeweißer Wolken am Himmel über die jungen Gerstenfelder und Weiden flogen.

Am darauffolgenden Tag brachen wir auf. Im Basar kauften wir Proviant und ließen uns vom knallharten B-Class Bus auf die andere Flußseite rumpeln. Nach 10 Kilometern bist Du in der Oase von Stok. Hier liegt der Sommersitz der letzten Königswitwe, ein hübscher 80-Zimmer-Palast. Zu sehen war dort niemand – vielleicht war der Bau doch nie so ganz praktisch gewesen. Schön aber ist der kleine Park davor, umsäumt von knorrigen alten Weiden und dazu eine frische Quelle – einen idealeren Zeltplatz findest Du selten. In Leh, muß Du wissen, fließt das Wasser offen durch den ganzen Ort, und ganz unten haben wir gewohnt. Aus dem Rest Wasser, der dort noch ankam (das meiste wird unterwegs aufgebraucht) wurde unser Tee gekocht, aber die Zähne putzte ich mir doch lieber trocken.

In Stok versuchten wir einen halben Tag lang, ein Tragtier für unser Zeug aufzutreiben – vergeblich. Hier waren Bewässerungsgräben aus-

Die Gabe am Paß erfleht den Beistand der Götter.

zubessern, dort stand die Ernte bevor oder mußten vor dem Winter noch neue Lehmziegel hergestellt werden. Zwei Mönche, von denen einer etwas Englisch sprach, begleiteten uns bei der Suche, konnten uns dann aber auch nicht weiterhelfen. Doch auch Antonio nahm es gelassen, und wir freuten uns eher, auf so intakte Strukturen zu treffen, auf Menschen, die nicht bei jeder Gelegenheit käuflich sind. Das Gerstenfeld war wichtiger als ein paar Geldscheine.

So verlockend die Zeltmöglichkeit auch war, wir nahmen doch den Abendbus zurück nach Leh. Was hätten wir hier schon ausrichten können? Vielleicht ergab sich in Leh irgend etwas. Und so kam es dann auch. Ein wenig Glück, ein wenig Zufall brachte uns mit Jacques zusammen, einem schweizerischen Bergsteiger, der schon am nächsten Tag zum Stok Kangri gehen wollte. Er freute sich ehrlich über unsere Bekanntschaft und die Aussicht, nicht mit seinem Bergführer allein zu sein. Die Tiere seien

bestimmt noch nicht ausgelastet. Wir sollten morgen um 10 Uhr in Stok auf ihn warten.

Wir waren pünktlich, Jacques nicht, was sicher nicht seine Schuld war. Stunden des Wartens vergingen. Aber eigentlich war das gleichgültig. Du gewöhnst Dir hier ab, auf die Uhr zu sehen, Du schaust zur Sonne. Was soll ein nervös springender Sekundenzeiger in einer Landschaft, wo auf Schritt und Tritt Erdgeschichte zu lesen ist, wo nach menschlichem Maß alles zeitlos ist? Diese surrealistische Landschaft fing an, mich zu fesseln. Du wirst sensibel für feinste Farbabstufungen. Stell Dir Braun, Rot und Gelb vor, immer wieder neu gemischt! Was glaubst Du, wie viele Nuancen da möglich sind! Die saharagrelle Höhensonne während der Mittagsstunden macht die Berge flächig, wie getuscht. Gegen Nachmittag im flacheren Sonnenwinkel, gewinnen sie wieder Kontur, rücken vor, so wie Du das vom Grand Canyon kennst. Das schönste aber ist die Farbe der Felder. Hier merkst Du, wie wichtig Grün für unser Wohlbefinden ist. Sei der Fleck inmitten von Sand und Steinen auch noch so klein, Dein Auge wird ihn finden und nicht mehr davon loskommen. Du brauchst nur wenige Tage, und das Phantastische wird vertraut, dieses fleckchenweise Leben, wo die Mondlandschaft ein wenig Farbe auflegt.

Die Sonne stand noch hoch, als Jacques auftauchte, dazu ein Pferd, ein Esel, ein Eselfohlen und der Bergführer aus Leh, für einen Ladakhi ein ungewöhnlich großer Mann. Bestimmt sonst ein netter Kerl, aber er verbreitete nach meinem Geschmack etwas viel Panik. Es sei sehr steil auf dem letzten Stück, Blankeis, er sei im letzten Jahr oben gewesen, ob wir Eisschrauben hätten? Wir mußten verneinen. Ja, aber die Fixseile, wie wir uns das dächten? Ganz einfach, keine Fixseile. Verächtliches Schnauben, wir sollten froh sein, daß wir ihn getroffen hätten. Ich blieb gelassen, hatte ich doch andere Informationen. Jacques war wortkarg im Vergleich zum Abend vorher und wirkte sehr konzentriert. Er schaute nur auf seine Füße und zunehmend öfter auf seinen Höhenmesser. Die Umgebung hier schien ihn nicht zu interessieren. Ziel und Zweck seiner Reise, wie er unumwunden zugab, lagen dort oben, auf dem einen Quadratmeter des Stok Kangri.

Hierfür hatte er sich ein ganzes Jahr in den Westalpen vorbereitet, und nun müsse er da rauf, koste es, was es wolle.

Wir waren überrascht, wie weit sich die Oase mit wenigen, aber ansprechenden Häusern in die Berge hineinzieht. Je höher wir stiegen, um so grüner wurde es: Weizen- und Gerstenfelder, große Grasweideflächen, gespeist von Bewässerungskanälen aus einem munteren Bergbach. Nach ungefähr eineinhalb Stunden wechselte die Szenerie abrupt, als wir in eine weiträumige, geröllbedeckte Schlucht eintauchten. Die senkrecht emporragenden Wände hättest Du sehen sollen. Nichts gibt es, womit sich diese kilometerlange eigenartige Felsformation vergleichen ließe. Die gebirgsbildenden Kräfte begnügten sich hier nicht mit einer Anhebung der Schichten, sondern katapultierten sie in die Senkrechte. Eng nebeneinander liegen lotrechte Riegel rotbraunen Urgesteins, dazwischen weicheres Material in Lila bis Violett, das deutlich tiefer herausgewittert ist. Hierauf haben sich ein paar Pflanzen breitgemacht und geben der Farbpalette noch einen zusätzlichen Tupfer.

Schon bald verließen wir die fast ebene Schlucht, und nun ging es entschieden hinauf zu einem kleinen Paß. Jacques' Höhenmesser zeigte 4.100 m. Trotz der Anstrengung schwitzte ich nicht, so trocken ist die Luft, Wasser verdunstet sofort. Der Paßübergang ist markiert durch lose aufeinandergeschichtete Steine sowie Ziegen- und Yakhörner, dazu noch ein paar ausgebleichte Gebetsfähnchen. Sie sollen den Giftatem böser Geister, wofür die Ladakhis die dünne Höhenluft halten, fernhalten. Bei mir setzten jetzt erste Kopfschmerzen ein. Vom Paß aus ist die lotrechte Schichtung noch eindrucksvoller, sind doch die Bergrücken mit spitzen Kämmen und Stacheln nur so gespickt.

Über weite Almböden erreichten wir bald einige steingeschichtete Unterstände der Hirten, direkt angrenzend an steinumfriedete Pferche zum Schutz für Schafe und Ziegen. Jeden Abend werden sie zusammengetrieben, denn immer noch streifen Schneeleoparden und vor allem zahlreiche Wölfe durch die steinerne Wildnis. Es waren junge Mädchen, nicht ohne Charme in ihrer Mischung aus Scheu und spitzbübischer Keckheit, die hier oben einen Bergsommer lang ausharrten. Sie freuten sich

Almbetrieb in Matterhornhöhe.

Angst, Skepsis, Habenwollen – drei Stadien der Begegnung mit dem Fremden.

über den Besuch und schienen fast enttäuscht, als wir unser »Basislager« ein gutes Stück oberhalb einrichteten.

Es war ein herrlicher Platz neben einem Gletscherbach. Um uns herum Fünftausender in Pastelltönungen. Zwischen Grün und Lila variierten die Farben und legen einen eigenartigen Schimmer über die Landschaft. Der Boden unter den Füßen aber ist immer nur gelb bis hellbraun. Die Erklärung ist einfach: Nur vereinzelt wachsen Halme aus dem trockenen Boden. Aus großer Entfernung aber siehst Du Millionen dieser Halme, und die färben die Hänge. Der Bergführer brachte die Tiere zurück zur Alm, wo sie Höhe und Kälte weniger ausgesetzt waren als hier oben auf 4.900 m. Höher sollten sie ohnehin nicht mitgehen, das war ausgemacht.

Am nächsten Tag ließen wir uns viel Zeit und stiegen langsam weiter auf. Mein Zelt und etwas Verpflegung hatten wir als Basislager stehen lassen. Jacques' Zelt war zwar nicht groß, sollte uns aber dort oben für zwei Nächte genügen. Blöcke, Platten, Geröll, endlich Schnee. Der unterste, noch flache und deshalb spaltenfreie Gletscher war erreicht. Starke Sonne und trockene Luft hatten seine Oberfläche zerfranst und Büßereis gezaubert, dazu einige bizarre Gletscherfische. Wenn es im Kopf jetzt auch heftig hämmerte, war es aber doch befriedigend, weit entfernt Gipfel wie die Eisriesen des Karakorum langsam emporwachsen zu sehen. Wir folgten dem Gletscher noch ein Stück weit und scharrten uns daneben im Gesteinsschutt ein Hochlager zurecht. Jacques vermeldete stolz 5.400 m, aber außer Antonio mußten wir

auch dafür büßen. Ich beneidete den Burschen um seine Akklimatisation. Gutgelaunt und ausgeglichen spazierte er herum und rauchte gräßlich stinkende Zigaretten.

Die Nacht war furchtbar. Vier großgewachsene Männer waren doch zuviel für ein 2-Mann-Zelt. Viel schlimmer aber waren die rasenden Kopfschmerzen, vor allem, wenn ich wirklich einmal kurz eingenickt war. Du atmest flacher im Schlaf, und das Sauerstoffdefizit meldet der Kopf postwendend. Viel weiß ich nicht mehr von dieser Nacht, nur daß ich mich verwünschte, außerhalb der bewohnbaren Welt, eingekeilt zwischen fremden Männern auf hartem Grund mit Kopfschmerzen herumzuliegen. In diesem Lager kriegte ich exakt halb so viel Sauerstoff in die Lungen wie dort, wo ich zu Hause bin, 50 Meter über dem Meeresspiegel. Ging ich nach draußen, war es so dunkel und kalt, als habe sich die Sonne für immer verabschiedet. Der Gipfel siebenhundert Meter über mir erschien mir fern und unerreichbar wie der Mond. Im übrigen war er mir inzwischen völlig wurscht. Aber wann hatte ich zuletzt solch einen Sternenhimmel gesehen? Die Milchstraße nicht nur über, sondern auch vor und sogar unter mir?

Der Morgen kam wie eine Erlösung. Raus aus dem Zelt, Glieder recken, Tee kochen. Wir tranken viel zuwenig und mußten uns zu dem wenigen auch noch zwingen. Jacques war schweigsam, schluckte Pillen und zog müde mit seinem Bergführer los. Für mich hatte ich den Gipfel abgeschrieben, aber da stand Antonio, den ich hierhergelockt hatte, der gut in Form war und jetzt auf mich wartete. Ich schickte ihn vor zu den anderen und versprach, langsam nachzukommen. Nur deswegen warf ich den Rucksack über und stapfte hinterher, anfangs noch zögernd, später mechanisch und langsam bergan.

Hier unten war es noch dämmerig, und wir waren allein, vier Silhouetten auf matt schimmerndem Eis. Am Himmel verblaßten die letzten Sterne, und an den umliegenden Gipfeln vollzog sich das tägliche Drama der Morgenfarben: Grau in der ersten Dämmerung, später mattes Rosa, leuchtendes Orange bis zum flammenden Gelb der vollen Sonne. War es nicht ein schöner Zacken mit seinem Firneis und den Schneebändern, wie er jetzt den halben Himmel füllte? Aber warum mußte ich da rauf?

Der Aussicht wegen nicht. Allein für »schöne Aussicht« quält sich keiner; da besteigt man den Zug und fährt zum Gornergrat, läßt sich einen Eisbecher bringen und fährt wieder ab. »Oben sein«, das ist es, weiter nichts. »Oben« ist unser Ideal, oben sind die Besseren. Immer wollen wir obenauf sein oder »high«. Die Götter wohnen oben und die Chefs. Den Emporkömmling betrachten wir mit Argwohn, oder auch mit Neid. Immer hält uns die Schwerkraft unten, ist es da nicht normal, ihr mal entwischen zu wollen? Und wie sie zieht – mit jedem Schritt, den Du höher kommst, zieht sie stärker. Ich weiß zwar, daß das nicht stimmt, aber Du fühlst es trotzdem. Diese paar Augenblicke oben, die zählen, und sei es auch

erst, wenn Du wieder unten bist, hinaufschaust und Dir sagen darfst: Da oben war ich.

Alles irrational, weiß ich selbst. Aber treibt uns nicht die Gier um nach diesen rohen Brocken menschlicher Erfahrung, die wir zu Hause nicht mehr finden? Ein Stubenhocker wird das nicht verstehen. Bergsteiger verstecken sich hinter gespieltem Pragmatismus, indem sie sagen, sie hätten den Soundso »gemacht«. Dieses hier wäre mein erster höherer Berg und sozusagen mein privater »Achttausender«, denn er ist eigentlich zu hoch für meine desolate Akklimatisation. Vernünftig wäre es, umzukehren und abzusteigen. Unten würde ich wieder schwere Luft atmen, die Kopfschmerzen wären weg, und ich hätte den Stok Kangri eben nicht »gemacht«. So einfach ist das und so schwer. Vielleicht war ich schon zu hoch, um vernünftig zu sein.

Irgendwann stand ich am Fuß der mächtigen Firneisflanke, die sich auf der Südostseite fast bis zum Gipfel hinaufschwingt. Steigeisen an und hinein in schattenlose Kehren unter gleißender Sonne. Die Zunge klebte am Gaumen. Hier darfst Du nicht das Ganze sehen, das entmutigt. Kleine Ziele stecken, zehn, zwölf Schritte; bis zu dem freigeschmolzenen Stein dort oder dem Eistürmchen da drüben. Wenn es das Gelände erlaubt, mit geschlossenen Augen gehen, zählen, und sich dann freuen,

*Gebetsfahnen
statt Gipfelkreuz;
Antonio auf dem
Stok Kangri.*

*Unser Hochlager
(ganz im Hinter-
grund die Spitzen
des Karakorum).*

wie weit Du es geschafft hast. Die Summe der Teile ist weniger als das Ganze.

Antonio sah ich nicht; vielleicht war er schon früh in den Felsgrat gequert. Jacques und der Bergführer waren nur noch wenig über mir, und dann erst begriff ich: Sie stiegen ab. Als wir uns begegneten, erschrak ich: Jacques war grau im Gesicht, um Jahre gealtert und völlig apathisch. Er mußte runter, so schnell wie möglich. Wir verabredeten noch, das Hochlager stehenzulassen, und dann stolperten sie weiter. Jacques schlenkerte wie eine Gliederpuppe.

Allmählich wurde es steiler, doch die Steigeisen griffen gut, und der Aufstieg blieb einfach. Der Bergführer hatte die Schwierigkeiten maßlos übertrieben. Ich bezweifle, daß er jemals hier oben war. Ich entschied mich dann für den felsigen Grat, und als ich nach oben schaute, sah ich nicht weit von mir Antonio mit baumelnden Beinen auf einem Felsblock sitzen. Über ihm ragte ein Schneegrat auf, und dann gab es nur noch Blau, Himmelsblau. Dumpfe Genugtuung kam auf – ich würde es schaffen. Und dazu noch gebrüllte Aufmunterung von oben.

»Wo geht's zum Gipfel?« war das erste, was ich oben herausbrachte. Er sah mich an wie einen Geist: »Das ist der Gipfel.«

Was ich vom Grat aus für eine lange Wächte gehalten hatte, war in Wirklichkeit eine Schneehaube, wenige Meter hoch. Entweder war die optische Täuschung perfekt gewesen, oder aber mein Gehirn arbeitete nicht mehr richtig.

»Gipfelglück«, höre ich Dich jetzt fragen. »Was ist mit dem Gipfelglück?« Um ehrlich zu sein, war ich nur froh, nicht mehr steigen zu müssen. »Gehört« mir denn jetzt, wie es in Bergsteigerkreisen so schön heißt, der Berg, nur weil ich ihn bestiegen habe? Bevor ich nicht wieder unten bin, gehöre ich ihm, und der Rückweg ist immer noch weiter.

Aber diese Stunde hier oben, 6.100 Meter über dem fernen Indischen Ozean, um die darfst Du mich ruhig beneiden. Dies war ein Gipfel der feinen Art, wo Du Schnee treten mußt, um genug Platz für Deine Schuhe zu haben. Unter den Sohlen laufen alle Linien des Berges zusammen, wie an Fäden gezogen. Leicht vorgebeugt, kannst Du einen Kilometer in die Tiefe spucken – irgendwo da unten beginnt die Erde wieder.

Jetzt bist Du gespannt, was die Aussicht hier bot. Ich habe kaum Bilder gemacht – gemessen an dem, was ich sah, konnten sie nur enttäuschen. Weißt Du noch, in Nepal, wo uns bald der Nacken schmerzte vom ständigen Hochgucken, gleichgültig wo wir uns auch hinaufmühten? Von hier siehst Du in jede Richtung hinab wie aus einer Kuppel – kein Berg in der

Nähe ist höher. Im Süden das faltige Gesicht der Erde, Täler und Gipfel ohne Zahl, bis hin zu fernen Monsunwolken – der Himalaya-Hauptkamm mit den Bergen Zanskars, ganz deutlich die Siebentausender Nun und Kun; im Nordwesten der Nanga Parbat, dann die Saserkette, bis 7.600 Meter hoch. Vor Dir im Norden die flache Induswüste, die sich dann aufwölbt zur grauen Ladakh-Kette, wenig einladend. Dahinter aber stehen die eisbedeckten Gipfel des Karakorum, da müssen wir mal hin. Bestimmt habe ich den K 2 gesehen, aber wie sollte ich ihn erkennen, einen »Pickel« unter zahllosen anderen? Alle werden sie zu Pickeln aus solcher Entfernung, die das Auge in der trockenen Wüstenluft mühelos überbrückt. Kein Dunst trübt den Blick. Die Erde duckt sich nach hundert, zweihundert Kilometern einfach weg, hinunter nach Tibet oder Sinkiang. Vom Segelboot aus ist die Welt nach viereinhalb Kilometern zu Ende, wußtest Du das? Siehst Du, deshalb segeln wir nicht und wühlen uns lieber ab und zu auf einen Berg.

Wir teilten uns einen Apfel, die einzige Wegzehrung für diesen Tag, und stiegen ab. Im Dämmerlicht kamen wir am Hochlager an und bauten es ab. Ohne Pause weiter, nur runter, runter, endloses Gehumpel durch Schieferschutt. Das Großartige und der Stumpfsinn – wie eng liegt das beim Bergsteigen zusammen. Wir stützten uns gegenseitig, so müde waren wir. Das Basislager stand nicht mehr, und wir waren beruhigt, Jacques in sicherer Tiefe zu wissen. Antonio kochte Tee. Aber da mein Magen so lange ohne Flüssigkeit gewesen war, würgte er ihn gleich wieder aus. Dann schlief ich tief und traumlos.

Beim Abstieg kam uns der Bergführer mit einem Esel entgegen. Jacques hatte sich erholt und konnte allein nach Stok gehen, aber das Pferd war in der Nacht zuvor gestorben. Wir trotteten hinab in atembare Luft, jeder Schritt gab neue Kraft. »Lha-Gyallo« rufen die Ladakhi, wenn sie einen Paß überqueren: »Die Götter sollen siegen.« Die Götter waren mir gnädig gewesen.

Stok Kangri.

Spielregeln in der Höhe

Bis zum Gillmans Point ging alles gut. Auch auf dem weiteren Weg entlang des Kraterrandes fand der Wanderer noch Kraft und Willen, seine Partnerin, die eigentlich nicht weiter wollte, zu stützen und zu ermuntern. In 5.895 Metern Höhe trug er sich, schon etwas gleichgültig, ins Gipfelbuch ein und rang sich ein Foto ab. Aufkommendes Schneetreiben erzwang einen anderen Rückweg. Vielleicht kam es ihm auch nur so vor. Von einer Minute zur anderen nimmt er seine Umgebung nicht mehr so wahr, wie sie ist. Er versteht nicht, warum es hier keine Tauben gibt. Er bildet sich ein, als Skifahrer den Berg abzufahren, und mokiert sich über den »Fahrstil« seiner Begleiter. Alle Augenblicke wirft er sich auf den Boden und besteht störrisch darauf endlich in seinem Bett in Ruhe gelassen zu werden. Weiter unten sieht er endlich Häuser, Menschen sitzen auf dem Dach und winken. Verzweifelt sucht er die Eingänge – es sind große Felsen mit ein paar Brocken obenauf. Zwei Tage später vermeldet er auf einer Postkarte die erfolgreiche Besteigung des Kilimandscharo. Er hat Schwierigkeiten beim Schreiben.

Der Wanderer war ich selbst. Ohne Ulrike und unseren schwarzen Begleiter wäre ich dort oben eingeschlafen und ziemlich sicher nicht mehr aufgewacht. Die Halluzinationen, gepaart mit Gleichgültigkeit, immer wieder von Bergsteigern in allerdings weitaus größeren Höhen erlebt, hatten ein Ödem ausgelöst, die gefährlichste Form der Höhenkrankheit. Die Gleichgültigkeit, der Wunsch, einfach sitzen zu ble-

Bestens akklimatisiert, kann man selbst hohe Berge schnell besteigen.

ben, ist stärker als der Überlebenswille. Hätte ich schwierige Stellen zu klettern gehabt, wären Gleichgewichtsgefühl und Reflexe dafür nicht mehr ausreichend gewesen.

Gründe, die wir nicht zu verantworten hatten, trieben uns in die Dummheit und ohne die geringste Akklimatisation in zweieinhalb Tagen auf Afrikas höchsten Berg. In derselben Zeit erkletterte ich Jahre später mit Ulrike beschwerdefrei und klar im Kopf den fast 1.000 m höheren Huascaran in Peru, allerdings nach langer, sorgfältiger Anpassung an die Höhe.

Ein Irrglaube ist, junge Menschen seien höhentauglicher als ältere – beobachtet wird eher das Gegenteil, was aber vielleicht einfach auf eine langsamere Gangart der Älteren zurückzuführen ist. Als relativ junger Mann wollte ich den 5.100 m hohen Mt. Kenya besteigen. Drei Tage brauchte ich vom Indischen Ozean zum Hochlager in 4.000 m Höhe, wo ich während der Nacht glaubte, mein Kopf würde zerspringen. Er tat es nicht, vermutlich, weil ich ihn mit beiden Händen zusammengepreßt hatte. Keine Rede mehr vom Gipfel. Ich war froh, als es mir tausend Meter tiefer wieder erstaunlich gut ging.

Meine unfreiwilligen, auf Unerfahrenheit und Selbstüberschätzung basierenden »Selbstversuche« haben mir gezeigt, daß sich die Natur nicht überlisten läßt. Mein Körper hat normal reagiert und mir jedesmal deutlich signalisiert, daß ich zu schnell zu hoch gestiegen war. Zwar zählt man erste Alarmzeichen wie Kopfschmerzen, die meist vom Nacken in den Hinterkopf ausstrahlen, Übelkeit, Appetitlosigkeit und Atemnot bei geringen Anstrengungen bereits zu der »akuten Höhenkrankheit« (die Medizin kennt auch eine »chronische Höhenkrankheit«), doch sind das nur vereinzelte Symptome, die mit der Funktion des Gehirns sowie des Nervensystems zusammenhängen. Sie treffen fast jeden, der relativ schnell in Höhen von 3.000 m oder darüber vorstößt, und sollten nach wenigen Tagen abgeklungen sein. Allerdings gibt es prinzipiell höhenuntaugliche Menschen, bei denen die Beschwerden bleiben. Sie neigen aus angeborenen, nicht restlos geklärten Gründen zur akuten Höhenkrankheit. Diese befällt aber auch jeden »normalen« Menschen, der sich ungeachtet der Signale seines Körpers weiter in die Höhe bewegt: schwerste Kopfschmerzen, extreme Müdigkeit, Erbrechen, graue Gesichtsfarbe, blaue Lippen, irrationales Verhalten, schwankender Gang.

Es kann dann sehr rasch zum lebensbedrohenden Lungenödem kommen: Husten mit blutigem, schaumigem Auswurf, rasselndes Atemgeräusch, Erstickungsangst. Bei einem solchen Lungenödem ertrinkt der Kranke in seinem eigenen Blutwasser, weil Blutflüssigkeit in die Lungenbläschen dringt. Diese können dann nicht mehr am Gasaustausch teilnehmen, die zur Atmung verfügbare Lungenoberfläche wird immer kleiner. Jetzt hilft nur noch künstlicher Sauerstoff oder raschester Abtransport in tiefere Lagen. Auf dem Weg zum Everest-Basislager ist eine erfahrene Trekkerin vor meinen Augen auf diese Weise gestorben – der Abstieg erfolgte zu spät. Die physiologischen Zusammenhänge bei Höhenbeschwerden sind mittlerweile weitgehend bekannt, wenngleich im Detail recht verwickelt. Zumindest in groben Zügen sollte aber jeder Trekker, der sich in größere Höhen begibt, wissen, was dort mit seinem Organismus geschieht.

Mit zunehmender Höhe sinkt der Luftdruck und damit auch der Teildruck des lebensnotwendigen Sauerstoffs. In 5.500 m Höhe beträgt er nur noch die Hälfte dessen, was auf Meeresniveau verfügbar ist. Hier liegt wohl auch die Grenze, oberhalb deren Menschen auf die Dauer nicht leben können. Das bedeutet, daß Akklimatisation nur bis zu dieser Höhe möglich ist, darüber gibt es allenfalls zeitlich begrenztes Überleben.

Die Sauerstoffarmut bei größter Anstrengung wird durch verstärkte Atmung ausgeglichen. In der dünnen, trockenen Luft können durch Abatmung und Schwitzen gewaltige Flüssigkeits- und Mineralverluste entstehen, die möglichst rasch ausgeglichen werden müssen. Tibeter trinken bekanntlich große Mengen Salztee, ein Bergsteiger in 7.000 m Höhe verliert bis zu 7 Liter Flüssigkeit am Tag. Dabei ist das Durstgefühl gering, und die Schwierigkeiten, in der Höhe Trinkwasser aufzubereiten, sind enorm. Flüssigkeitsmangel führt zur Bluteindickung, die zu einem geringen Teil noch durch vermehrte Neubildung roter Blutkörperchen (Erythrozyten) und das darin

Für Stunden in der Todeszone von Achttausendern mindestens ein Monat Akklimatisation (im Bild K2).

enthaltene Hämoglobin verstärkt wird. Lange Zeit hielt man den Zuwachs an Erythrozyten für den wesentlichen Faktor der Höhenanpassung, konnte doch dadurch die Fähigkeit des Blutes, Sauerstoff zu binden und zu transportieren, vergrößert werden. Untersuchungen an seit Generationen höhenakklimatisierten Bergbewohnern zeigten jedoch nur wenig erhöhte Erythrozytenwerte.

Viel wichtiger ist das Quantum Sauerstoff, das das arterielle Blut an das Gewebe abgibt, und tatsächlich wird die Bindung des Sauerstoffs an das Hämoglobin nach längerem Höhenaufenthalt schwächer. Die Blutverdickung hingegen führt zu zusätzlicher Kreislaufbelastung, verschlechterter Gewebedurchblutung der Peripherie und dadurch zu Erfrierungsgefahr. Darüber hinaus besteht die Gefahr von Thrombosen und Blutungen. Netzhautblutungen, die häufig oberhalb 5.500 m auftreten und nach der Rückkehr in geringere Höhen rasch verschwinden, werden zur Erklärung des gefährlichen Hirnödems herangezogen: Plasma und Flüssigkeit dringen aus den Kapillaren in das Hirngewebe der Hirndruck steigt. Dadurch werden die versorgenden Blutkapillaren

zusammengepreßt und die Sauerstoffversorgung des Gehirns vermindert. Es entsteht ein sich aufschaukelndes Hirnödem.

So gefährlich die akute Höhenkrankheit auch ist, so einfach ist es im Grunde, sie durch Befolgen einiger Regeln zu vermeiden:

1. Trinken, trinken, trinken (Harnmenge kontrollieren)

2. Oberhalb 2.500 m pro Tag nur weitere 300 m höher schlafen. Sehr gut ist, wenn die Schlafhöhe niedriger liegt als die am Tag erreichte Maximalhöhe.

3. Der morgendliche Ruhepuls sollte nicht mehr als 20 Prozent über dem persönlichen Ausgangswert liegen.

4. Beachten, daß Durchfall und fieberhafte Infekte die Höhenanpassung stark erschweren.

5. Nach Möglichkeit mit reiner Nasenatmung auskommen: eine recht wirkungsvolle Bremse.

6. Auf keinen Fall Medikamente nehmen, die ohnehin nur Symptome unterdrücken.

Wer diese erprobten Spielregeln befolgt, wird nicht nur gesund aus den Bergen zurückkommen, sondern durch gesteigertes Wohlbefinden dort auch mehr Freude haben .

Trekking in Indien
(Zanskar und Ladakh)

Was die Organisation betrifft, so gilt hier dasselbe wie für Pakistan.

Doch sind die Treks grundsätzlich anders.
Man läuft nicht zu irgendwelchen im voraus
gesteckten Zielen in Eis und Geröll (Basis-
lagern), sondern durchstreift auf Karawanen-
wegen dünn besiedelte Gebiete. Das versteht
auch die indische Regierung unter Trekking,
eine Genehmigung braucht man dafür nicht.
Bergsteigen allerdings muß angemeldet werden, und hier werden auch Gebühren fällig.
Der Transport der Verpflegung wird fast immer
durch Tragtiere besorgt, was mir angenehm
war: Ich sehe lieber Tiere Lasten schleppen als
Menschen. Natürlich sind die Etappen dann
nach möglichen Weidegründen auszurichten.
Einige der kurz beschriebenen Treks wären für
Geübte auch allein durchführbar.

Die militärischen Sperrzonen können sich
jederzeit ändern, und die Bestimmungen sind
im Detail, bedingt durch zahlreiche Ausnah-
men, recht kompliziert. Sehr grob gesprochen
sind die Bereiche nördlich der Straßen Srinagar – Leh bzw. östlich von Manali – Leh für
Ausländer tabu. Hierfür sollten genauere
Auskünfte oder Genehmigungen beim jeweils
zuständigen Deputy Commissioner in den
Distrikthauptstädten eingeholt werden.

Trek 1
Von Padum nach Lamayuru

1. Tag
Padum – Karcha
Von Padum aus gut zwei Stunden talaufwärts
in Richtung Nordwesten zur Sani Gompa,
einem der ältesten Klöster Zanskars. Danach
über die Brücke nach Tungri und etwa drei
Stunden auf einer Straßentrasse nach Karcha,
wo am Ufer des Pontse unterhalb des Dorfes
Karcha übernachtet wird.

Der direkte Weg nach Karcha führt zunächst
durch eine breite Ebene und quert bei Pipting
auf neuer Stahlseilbrücke den Doda-Fluß.

Karsha Gompa zählt zu den größten und
bedeutendsten Klöstern Zanskars. Terrassenförmig liegen Wohngebäude und Tempel der
150 Gelbmützen-Mönche übereinander. Phantastisch der Blick vom Haupttempel über die
Ebene zu Füßen schneebedeckter Bergketten.

2. Tag
Karcha – Pishu
An langen Manimauern entlang verläuft der
Weg am linken Ufer des Zanskar. Hin und wie-
der grünes Ackerland inmitten ausgedörrter
Berge. Lager am Fluß unterhalb des Dorfes
Pishu.

3. Tag
Pishu – Hanumil
Zunächst fast eben durch das allmählich enger
werdende Zanskar-Tal. Nach wenigen Kilometern führt eine Hängebrücke zum malerisch
gelegenen Zangla, der früheren Hauptstadt
Zanskars, mit Königspalast und inzwischen
achtzigjährigem Monarchen (Jeepstraße zwischen Padum und Zangla). Schöner Lunch-
platz an einem Seitenbach kurz vor dem Dorf
Pidmo, welches von Feldern umrahmt ist.
Weiter durch das fast wüstenartige Flußtal, wo
sich zäh einige blühende und duftende Pflanzen behaupten. Auf und ab führt der Weg zum
Lager bei den Häusern von Hanumil (3.450 m).

4. Tag
Hanumil – Snertze
Der Weg verläßt bald die sich immer enger
schließende und bald unpassierbare Zanskar-
Schlucht und klettert steil hinaus zum schnee-
freien Parfi La (3.900 m). Drüben ebenso steil
hinab, vorbei an zahlreichen Sträuchern und
Büschen. Schöner Rastplatz an einer Quelle
inmitten von Rosensträuchern und einigen
Birken, etwa eine halbe Stunde hinter dem
Paß. Eine solide Holzbrücke quert den mächtigen Omachu-Fluß, danach geht es hinaus zu
einem schwindelerregenden Höhenweg und
bald zum Hirtenlager von Snertze (3.700 m),
einer einsamen und schön gelegenen Alm.

5. Tag
Snertze – vor Lingshet
Zuerst etwa 3 km stetig bergauf durch die enge

Schlucht, durch Bäche und über Schnee-brücken bis zur Mündung eines Seitenbaches, dem man durch ein karges Hochtal in Richtung Osten zum Hanuma La (4.700 m) folgt. Von hier ist schon die Lingshet Gompa zu sehen sowie das Nun/Kun-Massiv. Etwa 700 m Abstieg, danach ist noch ein Sattel zu überwin-den, ehe das Lager etwa 4 km vor dem Ort Lingshet (3.900 m) erreicht ist.

6. Tag
Vor Lingshet – hinter Kiuba La
Eine Wegstunde ist es bis zum stattlichen Ort Lingshet zu Füßen hoher Kalksteinwände. Oberhalb des Dorfes sind die Gebäude der Lingshet Gompa an den Hang gestapelt. Das Gelbmützen-Kloster ist berühmt für sein Kunsthandwerk sowie für seine umfassende Bibliothek. Danach geht es über den Netuksi

Kleinod auf karstigem Hügel – Kloster Thiktse nake.

La (4.225 m) in ein tiefes Seitental, durch den Fluß und in steilen Serpentinen auf den Kiuba La (4.400 m). Von hier führt ein Höhenweg zum Lager in einer Quellmulde. Mit Glück sind Murmeltiere und Pfeifhasen im Geröll auszumachen.

7. Tag
Hinter Kiuba La – gegenüber Photoskar
Ein herrlicher Höhenweg – großartig gezackte Bergmassive aus Plattenkalken ringsum, Almböden mit Kräutern und Blumen bis hin zum Edelweiß erinnern an Steingärten. Schöner Ausblick von der Paßhöhe des Singi La (4.850 m). Der Abstieg führt in ein breites grünes Hochtal mit zahlreichen Wasserläufen; guter Platz für die Mittagsrast. Nach Durch-

querung eines reißenden Baches geht es über den Bumitse La (4.350 m) zum Lager auf einer großen Wiese gegenüber dem Dorf Photoskar (4.200 m).

8. Tag
Photoskar – hinter Sisir La
Die drei Tempel der Kargyüpa-Sekte in Dorf wird man besuchen und danach der rechten Talseite durch fruchtbare Felder folgen. Zunehmend steiler geht es zum Sisir La (4 750 m) mit gutem Weitblick. (Hier zweigt nach rechts ein schwieriger Pfad über Hanupatta nach Shilla ab, der bei Hochwasser in der Shillakong-Schlucht als Ausweich dienen kann.) Es wird zu einem Fluß abgestiegen, der durchwatet werden muß, danach geht es über einen

Richtig beladen tippeln die Grauen zuverlässig wie Uhrwerke.

Moränenrücken zum Lagerplatz an einem Bach (4.500 m).

9. Tag
Hinter Sisir La – vor Shillakong-Schlucht
Durch surrealistische Landschaft geht es hinauf zum Njutse La (5.050 m) – riesige Felsschollen wachsen senkrecht aus den Hängen und zeigen ein Farbenspiel zwischen Violett, Rostrot, Gelb und Dunkelgrün. Vom Paß aus ist ein kleiner Vorgipfel (5.400 m) über einen Pfad erreichbar. Das Lager liegt auf dem ersten Almboden (4.600 m).

10. Tag
Vor Shillakong-Schlucht – Shilla
Von der Alm steigt man rund 600 m ab zum Eingang der engen Schlucht, die möglichst bald bei noch niedrigem Wasserstand des Flusses passiert wird. Zwischen den senkrechten roten Felswänden wechselt der Pfad ständig die Ufer – der Fluß muß etwa 23mal oberschenkeltief durchwatet werden. Kurz vor Ende der Schlucht spendet eine heiße Quelle Erholung. Durch kleine Wäldchen geht es zum Dorf Shilla, wo campiert wird (3.200 m). Nur etwa 3 km entfernt liegt die fast tausendjährige Wanla Gompa.

11. Tag
Shilla – Lamayuru
Eine karge Schlucht führt hinauf zum Prigati La (3.700 m), von wo aus bereits das Kloster Lamayuru zu sehen ist. An bizarren Erosionsformen vorbei führt der Weg zum Lager auf einer Ebene direkt unter dem Klosterbau oder zu einem kleinen Pappelhain am Fluß. Lamayuru liegt 2 km unterhalb der Straße Srinagar – Leh.

Trek 2
Durch das Markha-Tal nach Hemis

Diese Rundtour um die Stok-Berge durch das parallel zum Indus verlaufende Markha-Tal unweit von Leh gehört zu den populären Treks in Ladakh. Unterwegs bieten sich leichte Fünf- und Sechstausender zur Besteigung an.

1. Tag
Leh – unterhalb Stok La
Mit Bus oder Taxi ins 15 Kilometer entfernte Stok. Gemächlicher Aufstieg am Ufer des Stok Nala, später durch einen Weidenhain und danach rechts in ein etwas steiler ansteigendes Nebental. Lager entweder bereits an der Sommeralm Khilchay (4.115 m) oder auf etwa 4.500 m aufsteigen.

2. Tag
Unterhalb Stok La – unterhalb Kunda La
Steiler Aufstieg zum Stok La (4.848 m, Ausgangspunkt für Bergtouren in der Stok Kangri-Gruppe; anschließend über einige Bergkämme und dann über loses Geröll steil hinunter. Man folgt dem rechten Ufer des Rumbak Nala, quert ihn hinter dem Dorf Rumbak und steigt das erste Seitental rechts hinauf. Lager in der kleinen Siedlung Yurutse oder weiter oben am Fuß des Kunda La.

Alternativroute nach Rumbak

1. Tag
Leh – Spitok
Mit Bus oder Taxi zur Ortschaft Spitok; übernachten entweder bei Einheimischen oder Lager am Indus.

2. Tag
Spitok – Rumbak
Ein langer Tagesmarsch stetig bergauf. Zuerst hält man sich am Indus in Richtung Nordwesten bis zu einer stabilen Hängebrücke. Nach der Querung auf das Südufer weiter nach Osten, den Hängen der Vorberge entgegen. Bald ist ein Fluß, der nach Südwesten fließt, sowie ein deutlicher Pfad erreicht, der über Jingchan nach Rumbak führt.

3. Tag
unterhalb Kunda La – Skiu
Langer, weniger steiler Aufstieg zum Kunda La (4.900 m) mit schöner Fernsicht nach Norden. Nur 50 m höher ist der Gipfel des Kunda Ri, wo Bergkristalle gefunden werden können. Der Abstieg erfolgt allmählich durch ein weites Hochtal. Zahlreiche kleine Bäche schlängeln

sich durch grüne Wiesen. Vor der Siedlung Shingo verengt sich das Tal, der von Weiden und Wildrosen gesäumte Skiu Nala durcheilt einige Schluchten und muß mehrfach überquert werden. Im Dorf Skiu (3.000 m) im unteren Markha-Tal kann in Häusern übernachtet werden, sonst schönes Lager oberhalb der Mündung des Skiu Nala in den Markha-Fluß. In der Nähe liegt ein kleines Kloster.

4. Tag
Skiu – Markha Village
Immer flußaufwärts am sich allmählich verbreiternden Markha-Fluß entlang. Er wird einige Male gequert, doch es gibt inzwischen Brücken. Lager hinter dem schönen Dorf Thinlespa oder am Fluß unterhalb Markha Village. Hier gibt es ein Kloster mit sehenswerten Fresken.

5. Tag
Markha Village – Nimaling-Plateau
Vorbei an den Siedlungen Umalung und Hankar geht es weiter am Markha-Fluß aufwärts. Kurz oberhalb Hankar führt ein deutlich erkennbarer Pfad nach links (Nordosten) in ein schmales Seitental. Man quert eine Holzbrücke, passiert einige kleine Siedlungen und erreicht auf 4.900 m das Nimaling Plateau, das sich am Fuß des vereisten Kang Yurze (6.400 m) erstreckt, des höchsten Berges in diesem Gebiet. Die hügelige von Wasserläufen und Quellen durchfeuchtete Wiese ist Weideland für die Nutztiere der umliegenden Dörfer, wird aber auch von Wild aufgesucht. Hier wäre ein ideales Basislager für einladende Gipfel ringsum: Dzo Jongo Ost (6.020 m) und Dzo Jongo West (6.120 m) sind für jedermann möglich, leichte Blockkletterei am Regoni Mallai Ri (6.030 m), Gletschererfahrung und leichte Kletterei beim Tasken Ri, mit 5.840 m der niedrigste hier. Der schönste Gipfel ist der schwierigste: Gapo Ri, über 6.000 m, Westalpenerfahrung auf kombiniertem Eis- und Schneegrat erforderlich.

6. Tag
Nimaling-Plateau – Chokdo
In Richtung Norden wird zum Kongmaru La (5.300 m) aufgestiegen, dem höchsten Paß die-

ser Tour. In steilen Serpentinen geht es auf ermüdendem Geröll und schwer erkennbarem Pfad bergab, vorbei an den Schwefelquellen von Chyuskarmo zum Beginn des Martselang-Tales. Lager im Dorf Chokdo.

7. Tag
Chokdo – Hemis Gompa
Weiter gemächlich bergab, zunächst im Flußbett, später auf gutem Fußweg entlang des linken Ufers. An einigen Tschörten vorbei wird Martselang am Indus erreicht. Hier hält man sich nordwestlich parallel zum Indus und erreicht nach rund 3 km Ladakhs größtes Kloster, wo sich in unmittelbarer Nähe ein ebener Zeltplatz unter alten Weiden bietet.

Trek 3
Von Padum nach Kishtwar

Dieser Trek, der Zanskar mit Kaschmir verbindet und früher die wichtigste Handelsroute war, wird häufig auch in umgekehrter Richtung begangen. Dabei sind Zanskari-Träger schneller und im allgemeinen auch freundlicher als Maultier- oder Yaktreiber aus Kaschmir. Der Umasi La ist mit Pferden nicht zu überschreiten. Von Padum aus ist der Paß kürzer und steiler als auf der Kishtwar-Seite.

1. Tag
Padum – Atching
Einfacher, ebener Weg mit einer Gletscherbachquerung, vorbei am Kloster Sani zum Dorf Atching.

2. Tag
Atching – Ganra
Vom Doda-Tal aus biegt man südwestlich in das Tal des Bardum und erreicht die Dzongkhul Gompa, ein Kloster der Rotmützen-Sekte. Danach leichter Anstieg zum schönen Lagerplatz bei Ganra mit herrlichem Ausblick.

Abgesehen von wenigen Straßen ist der gesamte Himalaya Fußgängerzone.

3. Tag
Ganra – Bhujwas

Der Aufstieg zum V-förmigen Einschnitt des Umasi La (5.294 m) ist recht steil, wobei im Paßbereich Gletscher und lange Schneefelder zu queren sind. (Träger überschreiten den Paß nur bei stabilem Wetter.)

Der einfachere Abstieg führt durch Moränengebiet und weiter zur großen saftigen Almwiese Bhujwas (2.750 m), die ein Fluß durchquert. (Evtl. eine Stunde vorher campieren, wo es etwas Gras, einen Fluß und eine Quelle gibt).

4. Tag
Bhujwas – Machel

10 km gemütlicher Abstieg durch Wälder und erste Siedlungen zum Dörfchen Machel mit seiner Polizeistation. In der Regel wollen Zanskari-Träger nicht weiter mitkommen. Man kann versuchen, einen Tragesel bis Kishtwar zu mieten. Die Preise sind hier höher als in Zanskar.

5. Tag
Machel – Itholi

Das Tal inmitten zerklüfteter Gipfel wird zunehmend enger und der Bhut Nala immer reißender. Schöne Szenerie, wenngleich der Weg wegen der ununterbrochenen Auf- und Abstiege anstrengt. Itholi (1.067 m) ist ein großes, wohlhabendes Dorf an der Mündung des Bhut Nala in den Chenab-Fluß; viele Mücken.

6. Tag
Itholi – Shashu

Entlang des Chenab-Flusses zum Rastplatz von Shashu, wo ein paar unsaubere Hütten stehen. Besser im Zelt übernachten.

7. Tag
Shashu – Galhar

Weiterhin ermüdendes Auf und Ab; während der Monsunzeit oft morastig. Nach etwa sieben Stunden ist Galhar erreicht und damit die Straße nach Kishtwar, die später talauf bis Itholi weitergeführt werden soll. Bis Kishtwar sind es rund 30 km; der letzte Bus verläßt Galhar gegen 5 Uhr nachmittags.

Trek 4
Von Padum über das Markha-Tal nach Leh

Ein äußerst anstrengender, aber dennoch lohnender Trek. Wegen der vielen Flußdurchquerungen zwischen Zangla und Markha ist die beste Zeit die zweite Augusthälfte. Dann ist der Wasserstand weniger hoch, und später im Jahr wird es zu kalt. Einige Tage geht es durch völlig unbewohntes Gebiet, zahlreiche Seitentäler erschweren die Orientierung. Aus diesem Grunde sollte unbedingt ein ortskundiger Führer sowie ausreichend Verpflegung mitgenommen werden.

Trekking in der Einsamkeit karstiger Täler ist »Urlaub von sich selbst«.

1. Tag
Padum – Thonde

Von Padum aus führt der Weg über die östliche Seilbrücke unterhalb der Stadt auf das rechte Ufer des Tsarap. Er folgt diesem Quellfluß des Zanskar über eine Schuttebene zur Flußoase Thonde. Der beste Blick auf die bewässerten Felder und den Halbkreis der Häuser bietet sich vom Kloster. Der Aufstieg ist ebenso schweißtreibend wie lohnend, denn man hat hier einen sehr guten Einblick in den Alltag des Klosterlebens. Von Thonde aus kann man in 4 oder 5 Tagen zum Kloster Puktal gelangen und so mit Anschluß an die Manali-Padum-Route eine interessante Rundtour gestalten, die aber äußerst schwierig und gefährlich ist. Ab Thonde ostwärts in die Berge hinauf zum Thonde La (5.492 m) ist es einfach, doch dann geht es durch haarsträubende Schluchten. Die einzige Siedlung entlang des selten begangenen Weges ist das winzige Dorf Shadi in einem Seitental. Pferde können den Weg nicht gehen – insgesamt wenig empfehlenswert.

2. Tag
Thonde – Zangla

Der Weg folgt dem Zanskar, nach der Ortschaft Zozar teilweise malerisch auf seinen Sandbänken, sofern kein Hochwasser herrscht. Auf halbem Wege zwischen Zozar und Zangla führt eine Seilbrücke über den Fluß.

Zangla bietet außer dem wiederaufgebauten »Schloß« der ehemaligen Könige von Zanskar nicht viel. Der Sohn des inzwischen über achtzigjährigen Königs war früher als Mönch ein bedeutender Thanka-Maler und vertritt heute sein Land im Parlament von Neu-Delhi. In Zangla findet man als Zeichen lebendiger Religion mehr neugebaute Tschörten als irgendwo sonst in Zanskar.

3. Tag
Zangla – Charcha

Ab Zangla steigt man nordöstlich am Zumling-Fluß auf, der im Verlauf des Tages 20mal zu queren ist.

4. Tag
Charcha – Tom Tokh Sumdo

Vom Fuß des Passes aus braucht man bis zum etwa 5.000 m hohen Übergang, der durch einen Tschörten markiert ist, rund 4 Stunden; Wasser mitnehmen. Dahinter folgt man einer engen Schlucht und quert einige Male einen flachen Bach, gelegentlich auf Schneebrücken. An einer Stelle ist die Schlucht auf einer Länge von 50 Metern nur 2 Meter breit, so daß es hier bei hohem Wasserstand Schwierigkeiten geben kann. Lagerplatz in Tom Tokh Sumdo.

5. Tag
Tom Tokh Sumdo – vor Tilta Sumdo

Ein harter Marsch über einen äußerst rauhen, felsigen Pfad, dazu ist 20- bis 30mal der Fluß zu durchqueren. Frische Felsstürze und Hochwasser würden die Schwierigkeiten enorm erhöhen.

6. Tag
Vor Tilta Sumdo – unterhalb Ruberung La

Während der ersten 1 1/2 Stunden bis Tilta Sumdo (Zusammenfluß von 3 Strömen) ist ein Dutzendmal der Fluß zu queren. Der Platz ist durch kleine Steinhaufen und Gebetsfahnen gekennzeichnet. Die Abzweigung zum Ruberung La ist hinter Tilta Sumdo am 2. Seitenbach links (nach Norden).

7. Tag
unterhalb Ruberung La – Markha-Tal

Der Aufstieg folgt einer engen Schlucht, von der zahlreiche andere abzweigen; ohne Führer nicht einfach. Nach etwa 3 Stunden ist der Paß (4.900 m) erreicht. Abstieg auf deutlichem Pfad zu einem Bach, dem man 4 bis 5 Stunden hinunter zum Markha-Fluß folgt; gegenüber liegt Markha Village.

8. – 10. Tag
Markha – Leh

Entweder über Hemis oder Skiu nach Leh; siehe Trek 2.

Register

LUST ZU REISEN

REISERATGEBER

Dieter Kreutzkamp
Durch West-Kanada
und Alaska

Die schönsten Nordland-
routen mit Auto, Bahn,
Boot und zu Fuß.
176 Seiten, 30 Farb-,
70 s/w-Fotos, 15 Karten

Dieter Kreutzkamp
Im Westen der USA

Zwischen Pazifik und
Arizona. Die schönsten
Routen mit Auto, Motorrad,
Kanu und zu Fuß.
198 Seiten, 30 Farb-,
99 s/w-Fotos, 21 Karten

Ilija Trojanow/Michael Martin
Naturwunder Ostafrika

Durch Kenia, Tansania
und Uganda.
184 Seiten, 37 Farb-,
68 s/w-Fotos

Thomas Troßmann
Der Wüste begegnen

Mit Motorrad, Auto,
Kamel und zu Fuß durch
die Sahara.
188 Seiten, 43 Farb-,
44 s/w-Fotos, 5 Karten

ISBN 3-89405-309-7

Straßen in die Einsamkeit
Durch West-Kanada und Alaska
Dieter Kreutzkamp

Frederking & Thaler — Die schönsten Nordlandrouten mit Auto, Bahn, Boot und zu Fuß

ISBN 3-89405-303-8

Straßen in die Einsamkeit
Im Westen der USA
Zwischen Pazifik und Arizona — Dieter Kreutzkamp

Frederking & Thaler — Die schönsten Routen mit Auto, Motorrad, Kanu und zu Fuß

ISBN 3-89405-327-5

Thomas Troßmann
Der Wüste begegnen
Mit Motorrad, Auto, Kamel und zu Fuß durch die Sahara
Frederking & Thaler

Ilija Trojanow und Michael Martin
Naturwunder Ostafrika
Durch Kenia, Tansania und Uganda. Mit Auto, Bus, Bahn, Boot, Motorrad, Mountainbike, Kamel und zu Fuß.

ISBN 3-89405-319-4

Intensives Naturerleben,
historische Rückblicke
und spannende
Erlebnisberichte sind die
Mischung dieser reich
bebilderten Reiserat-
geber. Eine Auswahl der
schönsten Routen, viele
Farb- und Schwarzweiß-
fotos, Karten und
nützliche Informationen
verlocken dazu, selbst
auf die Reise zu gehen.
Die Autoren schildern
aus eigener Erfahrung,
auf welch vielfältige
Weise dies möglich ist.

Jeder Band im Format
20x26,5 cm, geb. mit
Schutzumschlag

FREDERKING & THALER